시험에 (强)강한 검정고시 바이블

GOSIwill
고시윌 www.gosiwill.net

PASS

검단기

검정고시 단번에 합격하기

No.1

2009개정 신(新) 교육과정 완벽반영

검정고시 **단번에 합격하기**!

새로워진 검정고시 검단기 합격시리즈와 함께하세요.

검증된 검정고시 수학 최강 멘토!

출제 경향 및 유형 완전 분석 / 명쾌한 해설과 강의로 합격을 책임지겠습니다.

약력

- 홍익대학교 대학원 졸업
- 페르마 수학학원 특목수학 및 중, 고등 수학강사
- 지식의 샘 수학학원 중, 고등수학 강사
- 구룡중, 명일중, 서일중 등 방과학수업 중등교사
- 푸르넷에듀 중등수학 온라인강사
- 엠플러스 수학학원 원장
- 고시윌 수학 강사

저서

- 고시윌 고졸검정고시 수학 검단기 기본서 바이블
- 고시윌 고졸검정고시 수학 검단기 총정리 바이블
- 고시윌 고졸검정고시 수학 검단기 적중예상문제 300제
- 고시윌 고졸검정고시 수학 검단기 실전 모의고사
- 고시윌 고졸검정고시 수학 수험서 시리즈

고졸 검정고시 수학 이유미 선생님

머리말

먼저 검정고시를 준비하시는 모든 분들에게 합격의 기쁨이 함께하길 바랍니다.

본 검단기 교재가 여려분을 합격의 길로 잘 인도해줄 것이라 믿으며 반드시 기출되는 개념 위주로 정성껏 집필하였으니 합격하시는 그날까지 흔들리지 않는 개념을 다지기 위한다면 본 검단기 교재와 함께하시기 바랍니다.

여러분은 어떤 꿈을 꾸고, 어떤 꿈을 목표하고 계신가요?

여러분의 꿈은 멋지고 다양할 것으로 생각됩니다. 실현 가능한 꿈을 꾸시는 분들도 계시고, 또 지금은 불가능하지만 꿈을 간직하며 그 꿈을 이루길 희망하는 분들도 계실 겁니다. 꿈을 실현하기 위해 구체적인 계획을 세우신분들도 많이 계시겠지요.

그 꿈을 이루기 위한 과정으로 검정고시를 준비하시는 분들이 대부분일 것이고, 또 검정고시 합격으로 학위를 취득하는 그 자체가 꿈인 분들도 있으실 줄로 압니다. 어떤 꿈을 꾸고, 어떤 과정을 통해 준비하던 관계없이 모든 꿈을 가지신 분들의 미래를 응원합니다.

여러분이 꿈꾸는 미래에 이 검정고시가 멋진 출발선이 되길 바라며 그 과정에서 본 검단기 교재가 합격의 길까지 동행하며 여러분의 꿈을 위해 곁에서 힘이 되어 드리겠습니다.

합격하는 그 순간도 끝이 아닌 시작이 되길 바라며, 여러분의 새롭게 시작하는 미래를 이 교재가 밝은 빛으로 인도할 수 있기를 희망합니다.

— 편저자 올림 —

Congratulations!

새로워진 2009개정 검정고시

검단기가 여러분의 합격을 응원합니다

고등학교 졸업학력 검정고시 수험가이드

교육부에서 발표한 '검정고시 제도' 개선방안에 따른 2014년도 검정고시 출제의 기본 원칙 및 방향에 의해 2007개정 교육과정으로 2014년~2016년까지 출제 2017년부터는 2009개정으로 출제됨.

❶ 기본 원칙
- 고졸 검정고시 모두 2009개정 교육과정으로만 출제
- 검정고시 출제에서 난이도 항상성 유지

❷ 출제 수준

구분	출제 수준
고졸	고등학교 졸업정도의 지식과 그 응용능력을 측정할 수 있는 수준

❸ 세부 출제 방향

① 교육과정의 변경에 따른 세부 출제 방향
- '2009개정 교육과정'부터 사라지거나 변경된 개념 및 내용을 포함하고 있는 교과
  ⇒ 이전 교육과정과 공통 범위에서 출제하지 않고 새 교육과정 중심으로 출제
- 국정교과서에서 검정(또는 인정)교과서로 변화되는 교과의 출제 범위
  ⇒ 가급적 최소 3종 이상의 교과서에서 공통으로 다루고 있는 내용으로 출제
  (단, 국어와 영어의 경우 교과서 외의 지문 활용 가능)
- 고졸 검정고시 '과학'의 경우 융합과학에서 전 문항 출제
  ⇒ 교육과정에 근거하며 대체로 기본 지식 중심으로 출제

② 문제은행 출제방식의 확산에 따른 세부 출제 방향
- 문제은행 출제방식을 학교급별로 차등 적용
  ⇒ 초졸 : 50%, 중졸 : 30%, 고졸 : 적용하지 않음
- 기출문항의 활용 비율을 학교급별로 차등 적용
  ⇒ 초졸 : 50%, 중졸 : 30%, 고졸 : 활용하지 않음

③ 고졸 검정고시 난이도
- 최근 5년간 평균 합격률을 고려하여 적정 난이도 유지

고졸검정고시 시험안내

❹ 응시자격
① 중학교 졸업자
② 3년제 고등기술학교졸업자 또는 졸업예정자
③ 초·중등교육법시행령 제97조·제101조 및 제102조 해당자
  (중학교 졸업자와 동등의 학력인정 및 자격인정자)
④ 고등학교에 준하는 각종학교의 졸업자 또는 졸업예정자

⑤ 중학교 또는 동등이상의 학력이 있는 자를 대상으로 하는 3년제 직업훈련과정 수료자 또는 수료예정자

⑥ 1945년 이후 종전규정에 의한 학교졸업자자격인정령 제1조 또는 제2조에 해당하는 자

⑦ 소년원법시행령 제69조 제3호의 규정에 의한 자

※ 졸업예정자라 함은 최종학년에 재학중인 자를 말함

❺ 시험시기

회수	공고일	접수일	시험일	합격자발표일	공고방법
제 1회	2월초	2월중순	4월초	5월초	각 시·도 교육청 홈페이지
제 2회	6월초	6월중순	8월초	8월말	

❻ 출제 형식 및 배점

• 문항
– 문항형식 : 객관식 4지 택 1 형
– 출제 문항수 및 배점

구분	문항수	배점
고졸	• 각 과목별 25문항 (단, 수학은 20문항)	• 각 과목별 1문항 당 4점 (단, 수학은 1문항 당 5점)

❼ 고사 시간

구분		1교시	2교시	3교시	4교시		5교시	6교시	7교시
시 간		09:00~ 09:40	10:00~ 10:40	11:00~ 11:40	12:00~ 12:30	중식 (12:30~ 13:30)	13:40~ 14:10	14:30~ 15:00	15:20~ 15:50
		40분	40분	40분	30분		30분	30분	30분
과목	고졸	국어	수학	영어	사회		과학	한국사	선택

※ 지체, 시각장애인 등에 대한 고사시간 연장에 대해서는 시·도 교육청이 적의 조정 시행

❽ 고시 교과목

구분	고 시 과 목	비 고
고졸	필수 : 국어, 수학, 영어, 사회, 과학, 한국사 (6과목) 선택 : 도덕, 기술·가정, 체육, 음악, 미술 과목 중 1과목	7과목

※ 지체, 시각장애인 등에 대한 고사시간 연장에 대해서는 시·도 교육청이 적의 조정 시행

❾ 증명서류 발급안내

[검정고시용 최종학력(졸업·졸업예정·제적) 증명을 받는 방법]
ⓐ 중학교 졸업 후 미진학자는 출신 최종학교에서 졸업증명 발급
ⓑ 고등학교 제적자(휴학자나 전학자가 아님)는 제적학교에서 제적증명 발급
ⓒ 학력비인정 학교과정 중퇴자는 출신 초·중학교에서 졸업자로서 미진학증명 발급
※ 민원인의 편의를 위해 전국 초·중·고 행정실을 통한 발급가능

CONTENTS

II. 수학 2

연습문제 풀이

I

수학 1

수학 출제 경향 분석

1. 2009 개정 교육과정 반영한 최근 출제경향

연도	2013	2014		2015		2016	
단원	1회	1회	2회	1회	2회	1회	2회
집합과 명제	2	2	2	2	2	2	2
수와 식	5	6	6	5	5	4	4
방정식과 부등식	3	2	2	2	2	3	3
도형의 방정식	5	5	5	5	5	5	4
함수	3	3	3	3	3	3	5
삼각함수	2	2	2	2	2	2	1
확률과 통계	0	0	0	1	1	1	1
합계	20	20	20	20	20	20	20

2. 2009개정 교육과정을 반영한 최근 출제경향

연도	2017		2018		2019	
단원	1회	2회	1회	2회	1회	2회
다항식	2	2	3	3	3	3
방정식과 부등식	3	4	3	4	3	2
도형의 방정식	5	5	5	5	5	5
집합과 명제	2	2	2	2	2	2
함수	3	2	2	2	2	3
수열	3	3	3	2	3	3
지수와 로그	2	2	2	2	2	2
합계	20	20	20	20	20	20

3. 최신 출제 경향 분석

　이번 시험에서는 잘 나오지 않던 조립제법이나 원과 직선의 위치관계에 대한 개념들이 출제되면서 체감 난이도가 매우 높아졌습니다. 꾸준히 나오던 유형에서도 전반적인 난이도가 높아졌습니다.

　6번의 유리식의 연산에서는 연산을 한 후에 인수분해과정까지 더해져 약분을 해야 하는 문제였습니다. 이렇듯 하나의 문항에서 한 개념의 문제만 출제되지 않고 다른 개념이 더해져 출제되면서 기존의 기출문제보다 난이도가 어려워 졌습니다. 7번의 근과 계수의 관계 문제에서는 단순히 두 근의 합과 두근의 곱에서만 출제되었던 지난 기출문제들과 달리 유리식의 계산을 통해 한번 더 식을 정리해야 할 필요가 있었습니다. 그 외에 5번 문항에서는 다항식의 나눗셈에서 몫을 구하는 과정에서 조립제법을 활용한 내용이 출제되었습니다. 기존에 나머지정리를 이용하여 나머지만 구하는 문제들과 달리 조립제법이라는 방법을 알아야 풀 수 있는 문항이라 조립제법에 대한 내용을 대비하지 않은 수험생들에게는 매우 생소한 문제였으리라 생각됩니다. 또한 12번에서는 원과 직선의 위치관계가 출제 되었는데 해당 도형의 그래프를 그려보면 어렵지 않게 답을 찾을 수는 있었으나 지난 기출문제에서 자주 등장하던 개념이 아니었기 때문에 이 문항 또한 생소했을 것이라 생각됩니다. 19번에서는 주로 부채꼴의 넓이나 호의 길이를 물어보는 문항이 자주 출제되었었는데 호도법과 육십분법을 바꾸는 문항이 출제되었습니다. 따라서 육십분법을 호도법으로 고치는 방법을 알수 있어야만 문제를 풀 수 있었습니다. 하지만 이번 시험 이후에서는 2009 개정 과정에서 삼각함수, 호도법의 내용이 고1과정에서 빠지면서 검정고시 출제 범위에 해당되지 않게 되어 따로 대비 할 필요가 없을 것입니다.

1. 다항식

01 다항식의 연산

(1) 단항식과 다항식

① 단항식 : 문자나 수의 곱으로 이루어진 식

② 다항식 : 1개 이상의 단항식을 덧셈(또는 뺄셈)으로 연결한 식

(2) 계수 · 차수 · 동류항

① 계수 : 항에서 문자에 곱해진 수

② 차수 : 항에서 문자의 곱해진 개수

③ 동류항 : 특정한 문자에 대하여 차수가 같은 항

④ 다항식의 정리

· 내림차순 : 차수가 높은 항부터 차례로 쓰는 것

· 오름차순 : 낮은 항부터 차례로 쓰는 것

예 다항식 $4x - 5 + 2x^2 + x^3$에서 오름차순으로 정리하면 $-5 + 4x + 2x^2 + x^3$이고, 내림차순으로 정리하면 $x^3 + 2x^2 + 4x - 5$이다.

⊙ 연습문제 ⊙

$3xy^3 + 2xy^3$를 구해봅시다.

---

(3) 다항식의 덧셈과 뺄셈

분배법칙으로 괄호를 풀고 동류항끼리 계산

예 $x^2 + 3x - (2x^2 - x + 1) = x^2 + 3x - 2x^2 + x - 1 = x^2 - 2x^2 + 3x + x - 1$
$= (1 - 2)x^2 + (3 + 1)x - 1 = -x^2 + 4x - 1$

◉ 연습문제 ◉

$A = x^2 + xy + y^2$, $B = 2x^2 - 3xy$, $C = 5xy - 2y^2$에 대하여 $A + B - 2C$를 구해봅시다.

---

(4) 지수법칙 : m, n은 자연수, $a \neq 0$

① $a^m \times a^n = a^{m+n}$

② $(a^m)^n = a^{mn}$

③ $(ab)^n = a^n b^n$

④ $a^m \div a^n = \begin{cases} a^{m-n} : m > n \\ 1 \quad\;\; : m = n \\ \dfrac{1}{a^{n-m}} : m < n \end{cases}$ 일 때

⑤ $\left(\dfrac{a}{b}\right) = \dfrac{a^n}{b^n} (b \neq 0)$

⊙ 연습문제 ⊙

지수법칙을 이용하여 다음 문제를 풀어봅시다.

① $2^2 \times 2^3$

② $(2^2)^3$

③ $2^3 \div 2^5$

(5) 다항식의 곱셈

① 전개 : 다항식의 곱 → 다항식의 합으로 고치는 것

$$(a + b)(c + d) = ac + ad + bc + bd$$

② 곱셈공식

- $(a + b)^2 = a^2 + 2ab + b^2$
  $(a - b)^2 = a^2 - 2ab + b^2$

- $(a + b)(a - b) = a^2 - b^2$

- $(x + a)(x + b) = x^2 + (a + b)x + ab$

- $(a + b)^3 = a^3 + 3a^2b + 3ab^2 + b^3 = a^3 + b^3 + 3ab(a + b)$
  $(a - b)^3 = a^3 - 3a^2b + 3ab^2 - b^3 = a^3 - b^3 - 3ab(a - b)$

- $(a + b + c)^2 = a^2 + b^2 + c^2 + 2ab + 2bc + 2ca$

곱셈공식을 이용하여 다음 식을 전개해봅시다.

① $(a + 2b)^2$

② $(2a - b)^2$

③ $(2a - b)(2a + b)$

④ $(a + 2b)(a + 3b)$

⑤ $(2a + b)^3$

⑥ $(2a - b)^3$

⑦ $(a + 2b + c)^2$

③ 곱셈공식의 변형

- $a^2 + b^2 = (a + b)^2 - 2ab$
  $a^2 + b^2 = (a - b)^2 + 2ab$

- $(a + b)^2 = (a - b)^2 + 4ab$
  $(a - b)^2 = (a + b)^2 - 4ab$

- $a^3 + b^3 = (a + b)^3 - 3ab(a + b)$
  $a^3 - b^3 = (a - b)^3 + 3ab(a - b)$

- $a^2 + b^2 + c^2 = (a + b + c)^2 - 2(ab + bc + ca)$

⊙ 연습문제 ⊙

01. $a - b = 5$, $ab = 3$이라 할 때, 다음 문제를 풀어봅시다.

① $a^2 + b^2$

② $a^3 - b^3$

02. $a + b = 4$, $ab = 2$라 할 때 다음 문제를 풀어봅시다.

① $a^2 + b^2$

② $a^3 + b^3$

03. $a + b + c = 4$, $ab + bc + ca = 2$라고 할 때, $a^2 + b^2 + c^2$의 값을 구해봅시다.

④ 분모의 유리화

분모가 $a + \sqrt{b}$ 꼴일 때는 분모와 분자에 $a - \sqrt{b}$ 를
분모가 $a - \sqrt{b}$ 꼴일 때는 분모와 분자에 $a + \sqrt{b}$ 를 곱한다.

예 $\dfrac{1}{\sqrt{2} - 1} = \dfrac{\sqrt{2} + 1}{(\sqrt{2} - 1)(\sqrt{2} + 1)} = \dfrac{\sqrt{2} + 1}{\sqrt{2^2} - 1^2} = \dfrac{\sqrt{2} + 1}{2 - 1} = \sqrt{2} + 1$

⊙ 연습문제 ⊙

$\dfrac{2}{\sqrt{3}+1}$ 를 분모의 유리화해봅시다.

⑤ 다항식의 나눗셈

다항식 A를 다항식 B로 나눌 때의 몫을 Q, 나머지를 R이라 하면

예 $A = BQ + R$(단, R 차수는 B의 최고차항의 차수보다 낮다)

$$
\begin{array}{r}
3x+1 \\
x+1\overline{\smash{)}\ 3x^2+4x+5} \\
\underline{3x^2+3x} \\
x+5 \\
\underline{x+1} \\
4
\end{array}
$$

⇨ $(3x^2 + 4x + 5) \div (x + 1)$의

몫 : $3x + 1$

나머지 : 4

⇨ $3x^2 + 4x + 5 = (x + 1)(3x + 1) + 4$

⊙ 연습문제 ⊙

$2x^2 + x + 3$을 $x + 2$로 나눴을 때의 몫과 나머지를 구해봅시다.

⑥ 항등식 : x값에 관계없이 항상 성립하는 등식 (x에 대한 항등식)

즉, 모든 x에 대해 성립하는 등식 → x에 대해 내림차순하여 계수비교

예 $ax + b = 0$이 항등식이려면 → $a = 0,\ b = 0$

$ax^2 + bx + c = 0$이 항등식이려면 → $a = 0,\ b = 0,\ c = 0$

• 항등식에 들어있는 미정계수를 찾는 법

㉠ 계수 비교법 : $ax^2 + bx + c = a'x^2 + b'x + c' \Leftrightarrow a = a',\ b = b',\ c = c'$

㉡ 수치대입법 : $f(x) = a(x - \alpha)(x - \beta) \Leftrightarrow f(\alpha) = 0,\ f(\beta) = 0$

⊙ 연습문제 ⊙

다음 등식이 x에 대한 항등식이 되도록 미지수 $a,\ b$의 값을 정해봅시다.

$(x - 1)(x^2 - 4) = x^3 - ax^2 + bx + 4$

---

02 나머지정리와 인수분해

(1) 나머지정리

① 나머지정리 : x의 다항식 $f(x)$를

• $x - a$로 나눈 나머지는 $f(a)$

• $ax - b(a \neq 0)$로 나눈 나머지는 $f\left(\dfrac{b}{a}\right) = 0$

② 인수정리 : x의 다항식 $f(x)$가

• $x - a$로 나누어 떨어질 때 $f(a) = 0 \to$ 즉 $(x - a)$는 $f(x)$의 인수이다.

• $ax - b(a \neq 0)$로 나누어 떨어질 때 $f\left(\dfrac{b}{a}\right) = 0$

01. 다항식 $f(x) = x^3 - ax + b$가 $x - 2$로 나누어 떨어지고 $x - 1$로 나누면 나머지가 3이다. a, b의 값을 구해봅시다.

02. $f(x) = x^3 - 2x^2 + 3x - 5$를 $x^2 - 3x + 2$로 나눈 나머지를 구하여라.

③ 조립제법 : 어떤 다항식을 일차식으로 나눌 때, 그 다항식의 각 항의 계수만을 이용하여 몫과 나머지 구하는 방법으로 일차식으로 나누는 경우에만 사용한다.

예 다항식 $ax^3 + bx^2 + cx + d$를 $x - p$로 나누었을 때의 몫과 나머지 구하기

p	a	b	c	d
		ap	$ap^2 + bp$	$ap^3 + bp^2 + cp$
	a	$ap + b$	$ap^2 + bp + c$	$ap^3 + bp^2 + cp + d$

몫 : $ax^2 + (ap + b)x + ap^2 + bp + c$
나머지 : $ap^3 + dp^2 + cp + d$

01. $2x^2 + x + 3$을 $x + 2$로 나눴을 때의 몫과 나머지를 조립제법을 이용하여 구해봅시다.

02. $x^5 - 1$을 $x - 1$로 나누었을 때의 몫과 나머지를 조립제법을 이용하여 구해봅시다.

(2) 인수분해

다항식의 합 → 다항식의 곱으로 고치는 것

① 인수분해 공식

- $a^2 + 2ab + b^2 = (a + b)^2$
  $a^2 - 2ab + b^2 = (a - b)^2$

- $a^2 - b^2 = (a + b)(a - b)$

- $x^2 + (a + b)x + ab = (x + a)(x + b)$

$$
\begin{array}{ccccc}
1 & \searrow & a & \rightarrow & a \\
1 & \nearrow & b & \rightarrow & b \\
  &   & \overline{ab} & & \overline{a + b}
\end{array}
$$

- $a^3 + b^3 = (a + b)(a^2 - ab + b^2)$
  $a^3 - b^3 = (a - b)(a^2 + ab + b^2)$

② 인수분해의 방법

- 공통인수를 찾는다.

- 여러 개 문자가 포함된 식은 차수가 가장 낮은 문자에 대해 내림차순으로 정리한다.

- 공통부분이 있으면 한 문자로 치환한다.

- 복이차식은 치환 또는 $a^2 - b^2$의 꼴로 바꾼다.

⊙ 연습문제 ⊙

다음 인수분해 문제를 풀어봅시다.

① 다항식 $x(a - b) + ay - by$를 인수분해하여라.

② $(x + 1)(x + 2)(x + 3)(x + 4) - 24$를 인수분해하여라.

③ $x^4 - 3x^2 - 4$를 인수분해하여라.

④ $x^4 + x^2 + 1$ 을 인수분해하여라.

정답과 해설

01

$(5m - 2n) + (2m - 3n)$을 $am + bn$으로 나타낼 때, $a + b$의 값은?

① -2

② 0

③ 2

④ 4

정답 : ③번

해설 : 식 $(5m-2n)+(2m-3n)$에서 동류항끼리 계산하면 $7m-5n$으로 $a=7,\ b=-5$이다. 따라서 $a+b=7+(-5)=2$이다.

02

$(2a - 3b) - (a - 2b)$를 $ma + nb$로 나타낼 때, $m + n$의 값은?

① -3 ② -2

③ -1 ④ 0

정답 : ④번

해설 : $(2a-3b)-(a-2b)$
$=2a-3b-a+2b$
$=2a-a-3b+2b=a-b$
따라서 $m=1,\ n=-1$이다.

03

$(x - 1)(x + 1)(x^2 + 1)$를 간단히 하면?

① $x^2 - 1$ ② $x^2 + 1$

③ $x^4 - 1$ ④ $x^4 + 1$

정답 : ③번

해설 : $(x-1)(x+1)(x^2+1)$
$=(x^2-1)(x^2+1)=x^4-1$

04

$a + b = 4$, $ab = 2$를 만족하는 두 수 a, b에 대하여 $a^2 + b^2$의 값을 구하면?

① 3 ② 6

③ 9 ④ 12

정답 : ④번

해설 : $a^2+b^2=(a+b)^2-2ab$
$=4^2-2\cdot2=12$

05

다음 중 $a^6 - b^6$의 인수가 <u>아닌</u> 것은?

① $a + b$ ② $a - b$

③ $a^2 + ab + b^2$ ④ $a^2 + b^2$

정답 : ④번

해설 : $a^6 - b^6 = (a^3)^2 - (b^3)^2$
$= (a^3 + b^3)(a^3 - b^3)$
$= (a+b)(a^2 - ab + b^2)$
$\quad (a-b)(a^2 + ab + b^2)$

06

등식 $x^2 + 2x + a = x^2 + bx - 5$가 x에 대한 항등식일 때, $a + b$의 값은? (단, a, b는 상수)

① -7 ② -3

③ 3   ④ 7

정답 : ②

해설 : $a = -5$, $b = 2$

07

$a(x + 2) + x + b = 3x + 5$가 x에 대한 항등식이 되도록 하는 상수 a, b에 대하여 $a - b$의 값을 구하면?

① 1   ② 2

③ 3   ④ 4

정답 : ①

해설 : 전개하면 $ax + 2a + x + b$
$= (a+1)x + (2a+b) = 3x + 5$
이므로 $a + 1 = 3$, $2a + b = 5$
$\therefore a = 2$, $b = 1$

08

다음 중 $x - 1$로 나누어 떨어지는 식은?

① $x^2 + 1$ ② $x^2 + 2x - 3$

③ $2x^2 - 1$ ④ $x^2 + 2x + 1$

정답 : ②

해설 : $x = 1$을 대입하여 식의 값이 0이 되는 식을 고른다.

09

이차식 $x^2 + kx - 3$이 $x - 1$로 나누어 떨어질 때, 상수 k의 값은?

① -4

② -2

③ 2

④ 4

정답 : ③

해설 : $x = 1$을 대입하여 식의 값이 0이 되도록하는 k의 값을 구한다.

$1^2 + k \cdot 1 - 3 = 0$

$k = 2$

10

두 식 $x^2 - 6x + a$, $x^2 + bx + 20$의 공통인수가 $x - 4$일 때, $a + b$의 값은?

① -1

② 0

③ 1

④ 2

정답 : ①

해설 : $x = 4$를 대입하여 각 식의 값이 0이 되도록 하는 a, b의 값을 구하면,

$a = 8$, $b = -9$, $a + b = -1$

01

$X = x^2 - xy + y^2$, $Y = 2x^2 + 3xy - 2y^2$일 때 $X + 2Y$를 계산하면?

① $-x^2 + 5xy - 3y^2$

② $5x^2 + 5xy - 3y^2$

③ $5x^2 - 5xy - 3y^2$

④ $5x^2 + 5xy + 3y^2$

정답 : ②

해설 : $(x^2 - xy + y^2)$
$\qquad + 2(2x^2 + 3xy - 2y^2)$
$= x^2 - xy + y^2 + 4x^2 + 6xy - 4y^2$
$= 5x^2 + 5xy - 3y^2$

02

$(2x^2 - 3x + 1)(x - 3)$를 전개했을 때 x^2의 계수는?

① -9 ② -3

③ 2 ④ 10

정답 : ①

해설 : $(2x^2 - 3x + 1)(x - 3)$
$= 2x^3 - 6x^2 - 3x^2 + 9x + x - 3$
$= 2x^3 - 9x^2 + 10x - 3$

03

$(6x + 4y) + (x - y)$를 $mx - ny$로 나타낼 때, mn의 값은?

① -21 ② -14

③ 14 ④ 21

정답 : ①

해설 : $(6x + 4y) + (x - y)$
$= 6x + 4y + x - y = 6x + x + 4y - y$
$= 7x + 3y$ 따라서
$m = 7$, $n = -3$이다.

04

두 다항식 $X = x^2 + x - 1$, $Y = x + 1$에 대하여 $X - 2Y$의 값은?

① $x - 1$ ② $x^2 - 1$

③ $x^2 - x - 3$ ④ $x^2 + x - 1$

정답 : ③

해설 : $X - 2Y$에 X값과 Y값을
대입하면 $(x^2 + x - 1) - 2(x + 1)$
$= x^2 + x - 1 - 2x - 2 = x^2 - x - 3$

05

두 다항식 $A = 2x + y$, $B = -x - y - 1$에 대하여 $2(A - B) + 3A + B$의 값은?

① $7x - y - 3$

② $9x - y - 3$

③ $11x - y - 3$

④ $11x + 6y + 1$

정답 : ④

해설 : $2(A - B) + 3A + B$를 간단히 하면

$2A - 2B + 3A + B = 5A - B$

따라서 $5A - B$

$= 5(2x + y) - (-x - y - 1)$

$= 10x + 5y + x + y + 1$

$= 11x + 6y + 1$

06

$x - y = 3$, $xy = 2$일 때 $(x + y)^2$의 값은?

① 10   ② 13

③ 15   ④ 17

정답 : ④

해설 : $(x + y)^2 = (x - y)^2 + 4xy$

$= 9 + 4 \cdot 2 = 17$

07

$x + y = 5$이고, $xy = 6$일 때, $(x - 3)(y - 3)$의 값은?

① 0   ② 2

③ 4   ④ 6

정답 : ①

해설 : $(x - 3)(y - 3)$

$= xy - 3(x + y) + 9$

$= 6 - 3 \cdot 5 + 9 = 0$

08

$x + y = 2$, $x^3 + y^3 = 20$일 때 $x^2 + y^2$의 값은?

① 4   ② 6

③ 8   ④ 0

정답 : ③

해설 : $x^3 + y^3$

$= (x + y)^3 - 3xy(x + y)$이므로,

$20 = 2^3 - 3xy \cdot 2$

$xy = -2$

$x^2 + y^2 = (x + y)^2 - 2xy$

$= 2^2 - 2 \cdot (-2) = 8$

09

$\dfrac{199^3+1}{198 \times 199 + 1}$의 값은?

① 199

② 200

③ 201

④ 202

10

다항식 $x^3 - xy^2 - y^2 z + x^2 z$를 인수분해 하였을 때, 다음 중 인수가 아닌 것은?

① $(x+y)$ 　　　　② $(x-y)$

③ $(x+z)$ 　　　　④ $(y+z)$

11

$\dfrac{x^2-y^2}{x^2-2xy+y^2} \times \dfrac{x-y}{x^2+xy}$를 간단히 하면?

① $\dfrac{1}{x}$

② $\dfrac{1}{y}$

③ $\dfrac{1}{x-y}$

④ $\dfrac{1}{x+y}$

정답과 해설   수학   01. 다항식

12

다음은 각 식을 인수분해한 것이다. 옳지 않은 것은?

① $x^2y - 4xy - 3y^2z = y(x^2 - 4x - 3yz)$

② $x^2 - 4y^2 = (x - 2y)(x + 2y)$

③ $a^2 - 4ab + 4b^2 - 9c^2 = (a - 2b - 3c)(a - 2b + 3c)$

④ $6x^2 - 5xy - 6y^2 = (3x - 2y)(2x + 3y)$

정답 : ④

해설 : $6x^2 - 5xy - 6y^2$
$= (3x + 2y)(2x - 3y)$

13

$8x^3 + 36ax^2 + 54a^2x + 27a^3 = (p + q)^3$으로 인수분해될 때, $p + q$의 값은?

① $2x - 3a$ ② $2x + 3a$

③ $8x + 27a$ ④ $8x - 27a$

정답 : ②

해설

$8x^3 + 36ax^2 + 54a^2x + 27a^3$
$= (2x)^3 + 3 \cdot (2x)^2 \cdot (3a)$
$\quad + 3 \cdot (2x) \cdot (3a)^2 + (3a)^3$
$= (2x + 3a)^3$

14

$a + b + c = 6$, $ab + bc + ca = 11$일 때, $a^2 + b^2 + c^2$의 값은?

① 12   ② 13

③ 14   ④ 15

정답 : ③

해설 : $a^2 + b^2 + c^2 = (a + b + c)^2$
$- 2(ab + bc + ca)$이므로
$a^2 + b^2 + c^2 = 6^2 - 2 \cdot 11 = 14$

15

$xy = 5$, $x^2y + xy^2 + 2(x + y) = 14$일 때, $x + y$의 값을 구하면?

① 1   ② 2

③ 3   ④ 4

정답 : ②

해설 : $x^2y + y^2x + 2(x + y)$
$= xy(x + y) + 2(x + y)$이므로,
$5(x + y) + 2(x + y)$를 대입하면,
$5(x + y) + 2(x + y) = 7(x + y) = 14$
따라서, $x + y = 2$

16

모든 실수 x, y에 대하여 $a(x + 2y) + b(x - 3y) = 4x - 2y$가 성립하도록 하는 a, b의 값에 대하여 $a + b$의 값은?

① 0

② 2

③ 4

④ 8

정답 : ③

해설 : 식을 전개하여 x, y에 대하여 정리하면,
$(a+b)x+(2a-3b)y=4x-2y$
$a+b=4$, $2a-3b=-2$
연립하여 풀면,
$a=2$, $b=2$, $\therefore a+b=4$

17

다음 다항식 중 $x + 1$로 나누어 떨어지는 것은?

① $x^2 - 1$

② $2x + 3$

③ $x - 1$

④ $x^2 + 3$

정답 : ①

해설 : $x=-1$을 대입하여 식의 값이 0이 되는 것이 나누어 떨어지는 식이다.

18

다항식 $x^2 + kx - 4$가 $x - 1$로 나누어 떨어질 때, 상수 k의 값은?

① -2

② 0

③ 1

④ 3

정답 : ④

해설 : x^2+kx-4에 $x=1$을 대입하여 0이 되도록 하는 k의 값을 찾는다.
$1^2+k \cdot 1-4=0$, $\therefore k=3$

19

$(x - 1)^2 + a(x - 1) + 1 = x^2$이 x에 대한 항등식이 되도록 하는 상수 a의 값은?

① 1

② 2

③ 3

④ 4

정답 : ②

해설 : 양변에 $x=2$를 대입하면,
$(2-1)^2+a(2-1)+1=2^2$,
$1+a+1=4$, $a=2$

20

$a(x + 2) + b(x - 1) = 3x$가 되도록 하는 상수 a, b에 대하여 $a - b$의 값을 구하면?

① -1

② 0

③ 1

④ 2

정답 : ①

해설 : x에 대하여 식을 정리하면, $(a+b)x+(2a-b)=3x$에서 $a+b=3$, $2a-b=0$, 연립하여 풀면 $a=1$, $b=2$이므로 $a-b=-1$

21

다항식 $2x^3 - x^2 - 3x + 4$를 $x - 2$로 나눈 나머지를 구하면?

① 6　　　　　　② 8

③ 10　　　　　④ 12

정답 : ③

해설 : $x=2$을 식에 대입한 결과가 나머지가 된다.

22

$x^2 + 2x - 1$을 $x - 2$로 나눈 나머지는?

① 4　　　　　　② 5

③ 6　　　　　　④ 7

정답 : ④

해설 : 식에 $x=2$를 대입하여 나오는 값을 구한다.

23

$x^2 - x + k$를 $x - 1$로 나눈 나머지가 4일 때 상수 k의 값은?

① 1　　　　　　② 2

③ 3　　　　　　④ 4

정답 : ④

해설 : 식에 $x=1$을 대입하여 나오는 값이 나머지이므로, $1^2-1+k=4$, $\therefore k=4$

24

$x^2 + 3x - k$가 $x - 1$을 인수로 가질 때, 상수 k의 값은?

① 4

② -4

③ 2

④ -2

정답 : ①

해설 : 나머지가 0이 되도록 하는 것이 인수이므로, 식에 $x = 1$을 대입하여 0이 되도록 하는 k의 값을 구하면,
$1^2 + 3 \cdot 1 - k = 0$, ∴ $k = 4$

25

$x^2 - 3x + 5$를 $x + 1$로 나눈 나머지는?

① 3

② 5

③ 7

④ 9

정답 : ④

해설 : $x = -1$을 식에 대입하면,
$(-1)^2 - 3 \cdot (-1) + 5 = 9$

26

$x^2 + x - 5$를 $x - 2$로 나눈 나머지는?

① 1

② 2

③ 3

④ 4

정답 : ①

해설 : $x = 2$를 식에 대입하면
$2^2 + 2 - 5 = 1$

27

다항식 $f(x) = x^3 + 2x^2 + kx - k$가 $x - 2$를 인수로 가질 때, 상수 k의 값은?

① -2

② -4

③ -8

④ -16

정답 : ④

해설 : 나머지가 0이 되도록 하는 것이 인수이므로, 식에 $x = 2$을 대입하여 0이 되도록하는 k의 값을 구하면,
$2^3 + 2 \cdot 2^2 + 2k - k = 0$,
∴ $k = -16$

28

$2x^2 - a\,x + 1$을 $x - 1$로 나눈 나머지와 $x - 2$로 나눈 나머지가 같을 때, 상수 a의 값은?

① 2

② 4

③ 6

④ 8

정답 : ③

해설 : 주어진 식에 $x = 1$을 대입한 결과와 $x = 2$를 대입한 결과가 같으므로
$2 \cdot 1^2 - a \cdot 1 + 1$
$= 2 \cdot 2^2 - a \cdot 2 + 1$,
∴ $a = 6$

29

$x^2 - 6x + a$와 $x^2 + b\,x - 20$의 공통인수가 $x - 4$일 때, $a - b$의 값은?

① 5

② 6

③ 7

④ 8

정답 : ③

해설 : 최대공약수는 인수와 같으므로, 나머지가 0이 되도록 하는 a, b의 값을 구하면,
$4^2 - 6 \cdot 4 + a = 0$,
$4^2 + b \cdot 4 - 20 = 0$,
∴ $a = 8$, $b = 1$

30

$x^2 + x + a$와 $x^2 - b\,x + 2$의 공통인수가 $x + 2$일 때, ab의 값은?

① 4

② 5

③ 6

④ 7

정답 : ③

해설 : 최대공약수는 인수와 같으므로, 나머지가 0이 되도록 하는 a, b의 값을 구하면,
$(-2)^2 + (-2) + a = 0$,
$(-2)^2 - b \cdot (-2) + 2 = 0$,
∴ $a = -2$, $b = -3$

2.방정식과 부등식

01 복소수

(1) 허수단위

제곱하여 -1이 되는 수, i

- $i = \sqrt{-1}$
- $i^2 = -1$
- $i^3 = -i$
- $i^4 = 1$

(2) 복소수

a, b가 실수일 때 $a + bi$ 형태로 $b = 0$인 복소수 a는 실수가 되고, $b \neq 0$인 복소수 $a + bi$는 허수가 된다. 특히, $a = 0$, $b \neq 0$인 복소수 bi를 순허수라 한다. 따라서 복소수는 다음과 같이 구분된다(a : 실수부분, b : 허수부분).

a, b가 실수일 때,

복소수 $a + bi$
- 실수 $a(b = 0)$
- 허수 $a + bi$ $(b \neq 0)$
  - 순허수 $bi(a = 0, b \neq 0)$
  - 순허수가 아닌 허수 $a + bi(a \neq 0, b \neq 0)$

$z = (a^2 - 3a + 2) + (a^2 + 4a + 3)i$일 때, z^2이 음수이기 위한 a의 값을 구하여라.

(3) 복소수의 상등 (서로 같다)

a, b, c, d가 실수일 때

① $a + bi = c + di \Leftrightarrow a = c, b = d$

② $a + bi = 0 \Leftrightarrow a = 0, b = 0$

실수 x, y에 대하여 $(x + 2) + (y - 3)i = 0$이다. x, y의 값을 구하시오.

(4) 켤레복소수

a, b가 실수일 때 $\rightarrow z = a + bi$의 켤레복소수 $\overline{z} = a - bi$ ($\overline{a + bi} = a - bi$이다)

또한 $\overline{\overline{z}} = z$

※ 실수의 켤레복소수는 실수이다.

⊙ 연습문제 ⊙

01. 다음 각 복소수의 켤레복소수를 구하여라.

① $i - 2$

② 3

③ $6i$

④ $5 - 7i$

02. $z = 3 + ai$이고 $z - \overline{z} = 2i$이다. 실수 a의 값은?

(5) 복소수의 사칙연산

복소수의 덧셈은 허수단위 i를 문자처럼 계산하여, 실수부분은 실수부분끼리, 허수부분은 허수부분끼리 더한다. 복소수의 곱셈은 $i^2 = -1$임을 이용하여 복소수의 덧셈과 동일한 방법으로 계산한다.

① $(a + bi) + (c + di) = (a + c) + (b + d)i$

② $(a + bi) - (c + di) = (a - c) + (b - d)i$

③ $(a + bi)(c + di) = (ac - bd) + (ad + bc)i$

④ $\dfrac{a + bi}{c + di} = \dfrac{ac + bd}{c^2 + d^2} + \dfrac{bc - ad}{c^2 + d^2}i$ (단 $c + di \neq 0$)

⊙ 연습문제 ⊙

다음 문제를 풀어봅시다.

① $(2 + 3i) - (1 - 2i)$

② $(1 + 3i)(2 - i)$

③ $\dfrac{3 + 4i}{1 + 2i} =$

⊙ 연습문제 ⊙

다음 식을 간단히 해보자.

① $\sqrt{-2} \times \sqrt{-4} + \sqrt{9} \times \sqrt{-2}$

② $(1 + i) \overline{(2 + 3i)}$

③ $\overline{(i + 5)} \cdot (7 + i) + 36i^8$

(6) 복소수의 연산에 관한 성질

① $(1 + i)^2 = 2i$

   $(1 - i)^2 = -2i$

② $(a + bi)(a - bi) = a^2 + b^2$

③ $\left(\dfrac{1 - i}{1 + i} \right) = -i$

   $\left(\dfrac{1 + i}{1 - i} \right) = i$

⊙ 연습문제 ⊙

01. 다음 식을 간단히 해보자.

① $(1 + i)^{100}$

② $(3 + 2i)(3 - 2i)$

③ $(3 + \sqrt{-9})(2 - \sqrt{-4})$

02. 다음 식을 간단히 해보자.

① $\left(\dfrac{1 + i}{1 - i}\right)^{2012}$

② $\left(\dfrac{1 - i}{1 + i}\right)^{25}$

③ $i + i^2 + i^3 + \cdots i^8$

02 이차방정식

(1) 이차방정식의 풀이

① 인수분해 이용 : $(x - \alpha)(x - \beta) = 0 \Leftrightarrow x = \alpha$ 또는 $x = \beta$

⊙ 연습문제 ⊙

$$x^2 - 3x + 2 = 0$$

② 근의 공식 이용 : $ax^2 + bx + c = 0(a \neq 0)$의 근 $\rightarrow x = \dfrac{-b \pm \sqrt{b^2 - 4ac}}{2a}$

⊙ 연습문제 ⊙

$$x^2 - 3x + 1 = 0$$

③ 이차방정식의 해를 복소수 범위까지 확장한다.

⊙ 연습문제 ⊙

$$x^2 - 3x + 3 = 0$$

(2) 이차방정식의 근의 개수 : 판별식 (*D*) 이용

계수가 실수인 이차방정식 $ax^2 + bx + c = 0(a \neq 0)$에서

① $D = b^2 - 4ac > 0$: 서로 다른 두 실근

② $D = b^2 - 4ac = 0$: 서로 같은 두 실근 (중근)

③ $D = b^2 - 4ac < 0$: 실근이 없다 (허근)

⊙ 연습문제 ⊙

실수 *a*에 대하여 $2x^2 + ax + 3 = 0$이 실근을 가질 조건은?

(3) 근과 계수와의 관계

$ax^2 + bx + c = 0(a \neq 0)$의 두 근을 α, β라고 하면

① $\alpha + \beta = -\dfrac{b}{a}$

② $\alpha\beta = \dfrac{c}{a}$

⊙ 연습문제 ⊙

01. $2x^2 - 3x + 5 = 0$에서 두 근의 합과 곱을 구하시오.

02. $x^2 - 3x + 1 = 0$에서 두 근을 α, β라고 할 때, $\left(\alpha + \dfrac{1}{\beta}\right)\left(\beta + \dfrac{1}{\alpha}\right)$의 값을 구하여라.

(4) 이차방정식의 작성

① 두 수 α, β를 두 근으로 하고 x^2의 계수가 1인 이차방정식
$x^2 - (\alpha + \beta)x + \alpha\beta = 0$

② 두 수 α, β를 두 근으로 하고 x^2의 계수가 a인 이차방정식
$a\{x^2 - (\alpha + \beta)x + \alpha\beta\} = 0$

⊙ 연습문제 ⊙

01. $1 + \sqrt{2}$, $1 - \sqrt{2}$를 두 근으로 하는 이차방정식을 구하시오.

02. $1 + i$, $1 - i$를 두 근으로 하고 이차항의 계수가 3인 이차방정식을 구하시오.

(5) 이차방정식의 켤레근

① 계수가 유리수인 이차방정식의 한 근이 $p + q\sqrt{m}$ 이면 $p - q\sqrt{m}$ 도 근이다.
(단, p, q는 유리수, $q \neq 0$, $\sqrt{m}$ 은 무리수)

② 계수가 실수인 이차방정식의 한 근이 $p + qi$이면 $p - qi$도 근이다.
(단, p, q는 실수, $q \neq 0$, $i = \sqrt{-1}$ 은 허수)

◉ 연습문제 ◉

01. $2 + \sqrt{3}$ 이 $x^2 + bx + c = 0$의 근 일 때, 유리수 b, c의 값의 합을 구하여라.

02. $3 + i$가 $2x^2 + ax + b = 0$의 근 일 때, 실수 a, b의 값을 구하여라.

---

(6) 미지수가 2개인 연립일차방정식

풀이법 : 미지수의 개수를 줄인다.(가감법, 대입법)

① 가감법

② 대입법

(7) 연립방정식의 해

연립방정식 $\begin{cases} ax + by + c = 0 \\ a'x + b'y + c' = 0 \end{cases}$ 의 해는

① $\dfrac{a}{a'} \neq \dfrac{b}{b'}$이면 해 : 한 쌍

② $\dfrac{a}{a'} = \dfrac{b}{b'} \neq \dfrac{c}{c'}$해 : 없다 (불능)

③ $\dfrac{a}{a'} = \dfrac{b}{b'} = \dfrac{c}{c'}$이면 해 : 무수히 많다 (부정)

⊙ 연습문제 ⊙

$\begin{cases} 2x + 3y + 4 = 0 \\ 4x + 6y + 7 = 0 \end{cases}$ 의 해의 개수를 구해 봅시다.

(8) 미지수가 3개인 연립일차방정식

세 개의 미지수 중 한 개의 미지수를 소거하여 미지수가 2개인 연립일차방정식으로 변형하여 푼다.

⊙ 연습문제 ⊙

01. $\begin{cases} x + y = 4 \\ y + z = 6 \\ z + x = 8 \end{cases}$ 을 풀어봅시다.

02. $\begin{cases} 3x + 2y - z = 4 \\ x + 2y + 2z = 6 \\ x + y - z = 0 \end{cases}$ 을 풀어봅시다.

(9) 연립이차방정식

① $\begin{cases} (일차식) = 0 \\ (이차식) = 0 \end{cases}$ 꼴

(일차식) = 0을 어느 한 문자에 대하여 정리한 후 (이차식) = 0에 대입하여 푼다.

② $\begin{cases} (이차식) = 0 \\ (이차식) = 0 \end{cases}$ 꼴

두 이차식 중 어느 하나가 인수분해가 되면 $\begin{cases} (일차식) = 0 \\ (이차식) = 0 \end{cases}$ 의 꼴로 변형하여 풀고, 두 이차식이 모두 인수분해가 되지 않으면 상수항이나 이차항을 소거하여 $\begin{cases} (일차식) = 0 \\ (이차식) = 0 \end{cases}$ 꼴로 변형하여 푼다.

⊙ 연습문제 ⊙

다음 연립방정식을 풀어라.

① $\begin{cases} x + 3y = 5 \\ x^2 + y^2 = 5 \end{cases}$

② $\begin{cases} x^2 + xy - 2y^2 = 0 \\ x^2 + y^2 = 10 \end{cases}$

③ $\begin{cases} x^2 - 2xy + 2y^2 = 5 \\ 4x^2 - 11xy + 7y^2 = 10 \end{cases}$

03 이차함수와 이차방정식

(1) 이차함수의 최댓값 · 최솟값

① **최댓값** : 정의역의 모든 원소에 대한 함수의 값 중에서 가장 큰 값
   최솟값 : 정의역의 모든 원소에 대한 함수의 값 중에서 가장 작은 값

② $y = a(x - p)^2 + q$에서

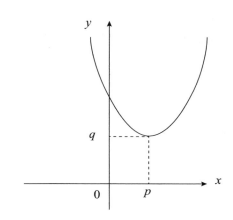

 • $a > 0$일때
   최솟값 : $q(x = p)$
   최댓값 : 없다

 • $a < 0$일때
   최댓값 : $q(x = p)$
   최솟값 : 없다.

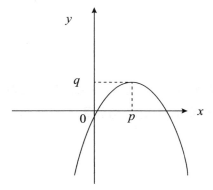

⊙ 연습문제 ⊙

$y = 2x^2 + 4x + 5$의 최솟값을 구해봅시다.

(2) 이차함수의 그래프와 이차방정식의 근

이차함수 $y = ax^2 + bx + c$의 그래프가 x축과 만나는 점의 개수는 이차방정식
$ax^2 + bx + c = 0$의 실근의 개수와 같다.

① 두 점에서 만난다. → 서로 다른 두 실근을 가진다.

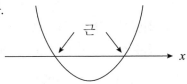

② 한 점에서 만난다. → 중근을 가진다.

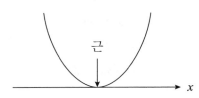

③ 만나지 않는다. → 실근이 없다.

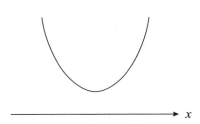

⊙ 연습문제 ⊙

01. 이차함수 $y = x^2 + kx + 1$의 그래프가 x축과 서로 다른 두 점에서 만나도
록 상수 k의 값의 범위를 정하여라.

02. 이차함수 $y = -x^2 + kx - 1$의 그래프가 x축과 만나지 않도록 상수 k의
값의 범위를 정하여라.

(3) 이차함수의 대칭축과 꼭짓점

이차함수 $y = ax^2 + bx + c(a \neq 0$일 때)에서

- 대칭축의 방정식 : $x = -\dfrac{b}{2a}$

- 꼭짓점의 좌표 : $\left(-\dfrac{b}{2a}, \ -\dfrac{b^2 - 4ac}{4a} \right)$

⊙ 연습문제 ⊙

$y = 3x^2 + 12x + 8$의 축의 방정식과 최솟값을 구하여라.

(4) 이차함수의 최대 · 최소

정의역이 $\{x \mid a \leq x \leq \beta\}$일 때 이차함수 $y = a(x - p)^2 + q$에서

① $a < p < \beta$일 때

- $a > 0$이면 최솟값 : q
  최댓값 : $f(\alpha), f(\beta)$ 중 큰 값

- $a < 0$이면 최솟값 : $f(\alpha), f(\beta)$ 중 작은 값
  최댓값 : q

② $p < \alpha$ 또는 $p > \beta$일 때 → $f(\alpha), f(\beta)$ 중 큰 값이 최댓값이고 작은 값이 최솟값이다.

⊙ 연습문제 ⊙

01. 정의역이 $\{x \mid 0 \leq x \leq 3\}$일 때 $y = -2x^2 + 4x + 1$에서 최댓값과 최솟값을 구해봅시다.

02. 정의역이$\{x \mid 0 \leq x \leq 1\}$일 때 $y = x^2 - 4x + 1$에서 최댓값을 구해보자.

(5) 이차함수와 직선의 관계

포물선과 직선의 방정식 $y = ax^2 + bx + c(a \neq 0)$, $y = mx + n$에서 y를 소거하여 교점의 x 좌표를 구하는 식을 만들면 $ax^2 + bx + c = mx + n(a \neq 0)$ 곧, $ax^2 + (b - m)x + c - n = 0(a \neq 0)$이고, 이 방정식의 판별식을 D라 하면

① $D > 0 \Leftrightarrow$ 서로 다른 두 실근 $\Leftrightarrow$ 포물선과 직선은 두 점에서 만난다.

② $D = 0 \Leftrightarrow$ 중근 $\Leftrightarrow$ 포물선과 직선은 한 점에서 만난다.

③ $D < 0 \Leftrightarrow$ 서로 다른 두 허근 $\Leftrightarrow$ 포물선과 직선은 만나지 않는다.

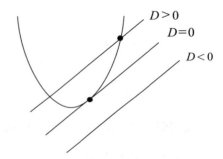

⊙ 연습문제 ⊙

이차함수 $y = x^2 + k$의 그래프와 직선 $y = x + 1$의 위치 관계가 다음과 같을 때, 상수 k의 값 또는 k의 값의 범위를 구하여라.

① 서로 다른 두 점에서 만난다.

② 접한다

③ 만나지 않는다.

04 여러가지 방정식

(1) 다항식 $f(x)$가 3차 이상인 다항식일 때 $f(x) = 0$을
고차방정식이라 한다. n차 방정식의 근은 n개이고, 근을 복소수범위까지로 하여
n개의 근을 모두 구할 수 있다.

(2) 고차방정식의 풀이

① 인수분해공식의 이용

- $a^3 + b^3 = (a + b)(a^2 - ab + b^2)$

- $a^3 - b^3 = (a - b)(a^2 + ab + b^2)$

- $a^2 - b^2 = (a + b)(a - b)$

◉ 연습문제 ◉

01. 삼차방정식 $x^3 - 8 = 0$의 해를 모두 구하여라.

02. 사차방정식 $x^4 = 16$의 해를 모두 구하여라.

② 인수정리의 이용 : 고차방정식 $f(x) = 0$에서 $f(a) = 0$이면 $f(x) = (x - a)Q(x)$로 인수
분해하여 푼다

⊙ 연습문제 ⊙

01. $x^3 - 4x^2 + 3x + 2 = 0$의 해를 구하여라.

02. $x^3 + (a + 1)x^2 + (a + 1)x + 1 = 0$의 실근이 -1 뿐 일 때, a값의 범위를
구하여라.

③ 치환에 의한 풀이 : 공통부분을 치환하여 푼다.

⊙ 연습문제 ⊙

01. $x^3 - 4x^2 + 3x + 2 = 0$의 해를 구하여라.

02. $(x^2 + 4x + 2)(x^2 + 4x - 4) - 7 = 0$의 해를 구하여라.

(3) 복이차방정식 $(ax^4 + bx^2 + c = 0)$의 풀이

- $x^2 = X$로 치환하여 X에 대한 이차방정식을 풀고 그 제곱근을 구한다.

- x^2의 항을 가감하여$(x^2 + A)^2 - (Bx)^2 = 0$의 꼴로 변형한 다음 인수분해하여 해를 구한다.

⊙ 연습문제 ⊙

01. 사차방정식 $x^4 - 6x^2 + 5 = 0$의 해를 구하여라.

02. $x^4 + 4 = 0$의 해를 구하여라.

(4) 상반방정식의 풀이

① 방정식 $f(x) = 0$에서 $f(x)$를 내림차순으로 정리하였을 때, 각 항의 계수가 좌우대칭으로 된 방정식을 상반방정식이라 한다.

② 차수가 $2n$차인 경우 양변을 x^n으로 나눈 후, $x + \dfrac{1}{x} = X$로 치환하여 푼다.

⊙ 연습문제 ⊙

사차방정식 $x^4 + 5x^3 - 4x^2 + 5x + 1 = 0$의 해를 구하여라.

(5) 삼차방정식의 근과 계수와의 관계

① 삼차방정식 $ax^3 + bx^2 + cx + d = 0(a \neq 0)$의 세 근을 α, β, γ라 하면

$\alpha + \beta + \gamma = -\dfrac{b}{a}, \ \alpha\beta + \beta\gamma + \gamma\alpha = \dfrac{c}{a}, \ \alpha\beta\gamma = -\dfrac{d}{a}$

⊙ 연습문제 ⊙

01. $x^3 + x^2 + ax + b = 0$에서 한근이 $1 - \sqrt{2}$일 때, 유리수 a, b의 값을 구해 보자.

02. 세 근이 α, β, γ인 최고차계수가 2인 삼차방정식에서 $\alpha + \beta + \gamma = 3$, $\alpha\beta + \beta\gamma + \gamma\alpha = 5$, $\alpha\beta\gamma = 7$일 때, 이 삼차방정식을 만들어 보자.

② 세 수 α, β, γ를 세 근으로 갖는 x^3의 계수가 1인 삼차방정식은 $(x - \alpha)(x - \beta)(x - \gamma) = 0$, 즉 $x^3 - (\alpha + \beta + \gamma)x^2 + (\alpha\beta + \beta\gamma + \gamma\alpha)x - \alpha\beta\gamma = 0$

※ $x^3 - 1 = 0$의 한 허근을 ω라 하면 $x^3 - 1 = 0$의 세 근은 1, ω, $\overline{\omega}$이고 $1 + \omega + \omega^2 = 0$, $\omega^3 = 1$이 된다.

※ $x^3 + 1 = 0$의 한 허근을 ω라 하면 $x^3 + 1 = 0$의 세 근은 -1, ω, $\overline{\omega}$이고 $1 - \omega + \omega^2 = 0$, $\omega^3 = -1$이 된다.

◉ 연습문제 ◉

01. $x^3 - 1 = 0$의 한 허근을 ω라 할 때, $1 + \omega + \omega^2 + \omega^3 + \cdots + \omega^{999}$의 값을 구하여라.

02. $x^3 + 1 = 0$일 때, $\omega^{21} + \omega^4 + 1$의 값을 구하여라.

05 부등식

(1) 부등식의 성질

- $a > b$일 때 $a + c > b + c$, $a - c > b - c$

- $a > b$, $c > 0$일 때 $ac > bc$, $\dfrac{a}{c} > \dfrac{b}{c}$

- $a < b$, $c < 0$일 때 $ac > bc$, $\dfrac{a}{c} > \dfrac{b}{c}$

(2) 일차부등식 $ax > b$의 해

- $a > 0$이면 $x > \dfrac{b}{a}$, $a < 0$이면 $x < \dfrac{b}{a}$

- $a = 0$, $b \geqq 0$이면 해가 없다.
  $a = 0$, $b < 0$이면 해는 모든 실수

⊙ 연습문제 ⊙

01. a에 범위에 따라 달라지는 부등식의 해를 구해보자.

$$ax - 3 > x + a + 1$$

02. $a = 5$일 때와 $a = 2$일 때 각각 부등식의 해를 구해보자.

$$(a^2 - 7a + 10)x \geq a^2 - 8a + 15$$

(3) 이차부등식의 풀이

x에 관하여 정리했을 때 $ax^2 + bx + c > 0 (a \neq 0)$, $ax^2 + bx + c < 0 (a \neq 0)$의 꼴의 부등식을 x의 이차부등식이라 한다.

① 이차방정식 $ax^2 + bx + c = 0 (a > 0$일 때)의 두 근을 α, β (단, $\alpha < \beta$)라고 할 때 이차부등식의 해

구 분	부등식의 해		
	$D > 0$ (서로 다른 두 실근)	$D = 0$ (중근)	$D < 0$ (허근)
$ax^2 + bx + c > 0$	$a(x-\alpha)(x-\beta) > 0 \Leftrightarrow x < \alpha$ 또는 $x > \beta$	$a(x-\alpha)^2 > 0 \Leftrightarrow x \neq \alpha$인 모든 실수	모든 실수
$ax^2 + bx + c \geq 0$	$a(x-\alpha)(x-\beta) \leq 0 \Leftrightarrow x \leq \alpha$ 또는 $x \geq \beta$	$a(x-\alpha)^2 \geq 0 \Leftrightarrow x$는 모든 실수	모든 실수
$ax^2 + bx + c < 0$	$a(x-\alpha)(x-\beta) < 0 \Leftrightarrow \alpha < x < \beta$	$a(x-\alpha)^2 < 0 \Leftrightarrow$ 해는 없다.	해가 없다.
$ax^2 + bx + c \leq 0$	$a(x-\alpha)(x-\beta) \leq 0 \Leftrightarrow \alpha \leq x \leq \beta$	$a(x-\alpha)^2 \leq 0 \Leftrightarrow x = \alpha$	해가 없다.

⊙ 연습문제 ⊙

다음 이차부등식을 풀어라.

① $(x - 1)(x + 2) > 0$

② $x(x + 3) \leq 0$

③ $3x^2 + 12x + 12 > 0$

④ $x^2 - 6x + 9 \leqq 0$

⑤ $x^2 + 4x + 1 > 0$

⑥ $x^2 - 2x + 5 < 0$

⑦ $-x^2 - 4x - 9 < 0$

② 최고차계수가 1인 이차부등식의 작성

- 해가 $\alpha < x < \beta$ 인 이차부등식
  $(x - \alpha)(x - \beta) < 0 \Leftrightarrow x^2 - (\alpha + \beta)x + \alpha\beta < 0$

- 해가 $x < \alpha$ 또는 $x > \beta$인 이차부등식
  $(x - \alpha)(x - \beta) > 0 \Leftrightarrow x^2 - (\alpha + \beta)x + \alpha\beta > 0$

⊙ 연습문제 ⊙

이차부등식 $ax^2 + bx + c > 0$을 만족하는 x의 범위가 $-1 < x < 2$일 때, 부등식 $bx^2 - ax - c < 0$을 풀어라.

(4) 절대값 기호를 포함한 부등식

① 실수 x에 대하여 $|x|$는 수직선 위에서 원점과 x 사이의 거리를 나타내므로 부등식 $|x| < 1$을 만족시키는 점 x는 두 점 -1과 1사이에 있음을 나타낸다.

② 양의 실수 a에 대하여 절대값이 포함된 부등식 $|x| < a$, $|x| > a$는 절대값의 정의에 의하여 수직선 위에서 다음 부분을 나타낸다.

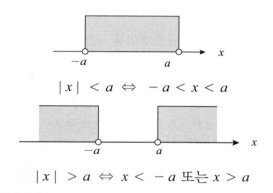

$$|x| < a \Leftrightarrow -a < x < a$$

$$|x| > a \Leftrightarrow x < -a \text{ 또는 } x > a$$

⊙ 연습문제 ⊙

다음 부등식을 풀어라.

① $|2x - 3| < 1$

② $|x + 2| > 3$

(5) 연립부등식

① $\begin{cases} (부등식) \\ (부등식) \end{cases}$ 과 같은 두 개 이상의 부등식을 한 쌍으로 하여 나타낸 것을 연립부등식이라고 한다.

② 연립부등식의 풀이

- 주어진 부등식의 해를 구한다.

- 구해놓은 각각의 부등식에 공통범위를 구한다.

  예) $\begin{cases} x^2 - 3x + 2 > 0 & \cdots \ ㉠ \\ x^2 - 2x - 3 \geq 0 & \cdots \ ㉡ \end{cases}$

  ㉠에서 $(x-1)(x-2) > 0$ $\therefore x < 1$ 또는 $x > 2$
  ㉡에서 $(x+1)(x-3) \geq 0$ $\therefore x \leq -1$ 또는 $x \geq 3$
  따라서 ㉠㉡을 동시에 만족하는 해는, $x \leq -1$ 또는 $x \geq 3$

◉ 연습문제 ◉

$\begin{cases} |x-1| \leq 2 \\ x^2 - 7x + 12 \leq 0 \end{cases}$ **의 해를 구해보자**

---

06 연립이차부등식

(1) 연립이차부등식의 풀이

주어진 각 부등식의 해를 구하고 구한 각 부등식의 공통 범위를 구한다.

⊙ 연습문제 ⊙

01. $\begin{cases} x^2 + 4x + 3 > 0 \\ x^2 + 5x + 4 \leq 0 \end{cases}$ 을 풀어봅시다.

02. $\begin{cases} x^2 + 6x + 10 \geqq 0 \\ x^2 + 5x + 6 < 0 \end{cases}$ 의 해를 구해봅시다.

03. $\begin{cases} x^2 - 8x + 12 \leqq 0 \\ x^2 - 4x + 4 \leqq 0 \end{cases}$ 의 해를 구해봅시다.

정답과 해설

수학   02. 방정식과 부등식

01

실수 x, y에 대하여 $x + yi = 5 - 2i$가 성립할 때, $x + y$의 값은?

① 3   ② 5

③ 7   ④ 9

정답 : ①

해설 : 복소수의 상등으로 복소수가 서로 같기 위한 조건은 실수부분은 실수부분끼리 같고, 허수부분은 허수부분끼리 같은 것이다. 따라서 $x=5$, $y=-2$로 $x+y=5+(-2)=3$이다.

02

등식 $2 + 4i - (3 + i) = a + bi$를 만족하는 a, b에 대하여 ab의 값은?

① -3 -1

③ 3   ④ 8

정답 : ①

해설 : $2+4i-(3+i)$를 정리하면 $2+4i-3-i$이고, 따라서 $-1+3i=a+bi$이다. 따라서 $a=-1$이고, $b=3$이다.

03

$(5 - 2i) + (2 - 3i)$를 $a + bi$으로 나타낼 때, $a + b$의 값은?

① -2 ② 0

③ 2   ④ 4

정답 : ③

해설 : 식 $(5-2i)+(2-3i)$에서 실수부는 실수부끼리, 허수부는 허수부끼리 계산하면 $7-5i$으로 $a=7$, $b=-5$이다.
따라서 $a+b=7+(-5)=2$이다.

04

이차방정식 $2x^2 - 7x + 5 = 0$의 두 근을 α, β라고 할 때, 두 근의 합 $\alpha + \beta$의 값은?

① $-\dfrac{7}{2}$ ② $\dfrac{7}{2}$

③ -3 ④ 3

정답 : ②

해설 : $\alpha+\beta=-\dfrac{b}{a}$, $\alpha\beta=\dfrac{c}{a}$
이므로, $\alpha+\beta=-\dfrac{-7}{2}=\dfrac{7}{2}$

05

이차방정식 $x^2 - x - 2 = 0$의 두 근을 α, β라고 할 때, $\dfrac{\alpha\beta}{\alpha+\beta}$의 값은?

① -2　　② -1　　③ 1　　④ 2

정답 : ①

해설 : $x^2 - x - 2 = 0$의 두 근의 합 $\alpha + \beta = -\dfrac{-1}{1} = 1$, 두 근의 곱 $\alpha\beta = \dfrac{-2}{1} = -2$ 이므로,

$\dfrac{\alpha\beta}{\alpha+\beta} = \dfrac{-2}{1} = -2$

06

사차방정식 $x^4 + ax^2 - 3 = 0$의 한 근이 $x = 1$일 때, 상수 a의 값은?

① 1　　　　　　② 2

③ 3　　　　　　④ 4

정답 : ②

해설 : $x = 1$이 근이므로 주어진 식에 대입하면,

$1^4 + a \cdot 1^2 - 3 = 0$, $1 + a - 3 = 0$,

∴ $a = 2$

07

연립방정식 $\begin{cases} x + y = 8 \\ y + z = 4 \\ z + x = a \end{cases}$ 의 해가 $x = b$, $y = 1$, $z = 3$일 때, $a + b$의 값은?

① 13　　② 15　　③ 17　　④ 19

정답 : ③

해설 : 첫 번째 식에서 $x + y = 8$ 이므로 $y = 1$을 대입하면 $x = 7 = b$, 세 번째 식에 z, x 값을 대입하면, $3 + 7 = 10 = a$

∴ $a + b = 10 + 7 = 17$

08

두 수 2, 3을 두 근으로 하고, 이차항의 계수가 1인 이차방정식은?

① $x^2 - 5x + 6 = 0$　　② $x^2 + 5x + 6 = 0$

③ $x^2 - 6x + 5 = 0$　　④ $x^2 + 6x - 6 = 0$

정답 : ①

해설

(1) $x^2 - ($두 근의 합$)x + ($두 근의 곱$) = 0$이므로 $x^2 - 5x + 6 = 0$

(2) $(x-2)(x-3) = 0$을 전개하면 $x^2 - 5x + 6 = 0$

정답과 해설

정답 : ②

해설 : (두 근의 곱)$=\dfrac{c}{a}$이므로

$2 \cdot$ (다른 근)$= \dfrac{-4}{1} = -4$,

$\therefore$ (다른 근)$= -2$

09

x에 대한 이차방정식 $x^2 + (2a + 1)x - 4 = 0$의 한 근이 2라고 한다. 이 때, 다른 한 근은?

① -1 ② -2

③ -3 ④ -4

정답 : ④

해설 : $y = x^2 - 2x + 1 = (x-1)^2$에서 꼭짓점이 포함된 구간이므로, $x = 1$일 때, 최솟값 0, 꼭짓점에서 멀수록 값이 커지므로, $x = -1$일 때, 최댓값 4

10

$-1 \leq x \leq 2$일 때, $y = x^2 - 2x + 1$의 최댓값과 최솟값의 합은?

① 1   ② 2

③ 3   ④ 4

정답 : ①

해설 : $y = 2x^2 + px + q$는 이차항의 계수가 양수이므로 아래로 볼록한 포물선의 모양이다. 따라서 최솟값은 꼭짓점에서 나오므로, (1, 2)가 꼭짓점의 좌표가 된다.

$\therefore y = 2(x-1)^2 + 2$
$\quad = 2(x^2 - 2x + 1) + 2$
$\quad = 2x^2 - 4x + 4$

11

이차함수 $y = 2x^2 + px + q$가 $x = 1$에서 최솟값 2를 가질 때, p, q의 값에 대해 $p + q$의 값은?

① 0   ② 1

③ 2   ④ 3

정답 : ③

해설 : $y = -x^2 + 2x + 3$
$= -(x^2 - 2x + 1 - 1) + 3$
$= -(x-1)^2 + 4$
이므로, 꼭짓점 $x = 1$에서 최댓값 4를 갖는다.
$\therefore a = 1,\ b = 4$

12

이차함수 $y = -x^2 + 2x + 3$의 그래프는 $x = a$에서 최댓값 b를 가질 때, $a + b$의 값은?

① 1   ② 3

③ 5   ④ 7

13

정의역이 $3 \leq x \leq 5$일 때, 함수 $y = x^2 - 4x + 2$의 최솟값을 구하면?

① -2 ② -1

③ 0 ④ 1

정답 : ②

해설 : $y = x^2 - 4x + 2$
$= (x^2 - 4x + 4 - 4) + 2$
$= (x-2)^2 - 2$
꼭짓점이 주어진 정의역에 포함되지 않으므로, 최솟값을 -2로 생각하면 안 된다. 양끝값 $x = 3$일 때 $y = -1$, $x = 5$일 때 $y = 7$이므로, 최솟값은 -1

14

이차함수 $y = x^2 + 2x - a + 3$이 x축과 서로 다른 두 점에서 만날 때, a의 값의 범위는?

① $a > 1$ ② $a > 2$

③ $a > 3$ ④ $a > 4$

정답 : ②

해설 : $y = x^2 + 2x - a + 3$이 x축과 서로 다른 두 점에서 만나기 위해서는 이차방정식 $x^2 + 2x - a + 3 = 0$의 $D > 0$이어야한다.
$D = 2^2 - 4 \cdot 1 \cdot (-a + 3)$
$= 4 + 4a - 12$
$= 4a - 8 > 0 \ 4a > 8, \ a > 2$

15

다음 중 이차부등식 $x^2 - 8x + 15 \leq 0$을 만족하는 x의 값이 $a \leq x \leq b$일 때, $a + b$의 값은?

① 2 ② 4

③ 6 ④ 8

정답 : ④

해설 : $(x-5)(x-3) \leq 0$,
$3 \leq x \leq 5$이므로, $a = 3$, $b = 5$

16

연립부등식 $\begin{cases} x^2 - 2x - 3 < 0 \\ x - 1 > 0 \end{cases}$의 해를 구하면?

① $1 < x < 2$ ② $-1 < x < 3$

③ $1 < x < 3$ ④ $0 < x < 3$

정답 : ③

해설 : $x^2 - 2x - 3 < 0$은 $(x-3)(x+1) < 0$이므로, $-1 < x < 3$이다. 따라서 $x > 1$과 공통인 부분을 구하면, $1 < x < 3$

17

부등식 $|2x - 3| < 1$을 풀면?

① $-1 < x < 0$

② $0 < x < 1$

③ $1 < x < 2$

④ $2 < x < 3$

정답 : ③

해설 : $-1 < 2x - 3 < 1$,
$2 < 2x < 4$, $1 < x < 2$

18

이차부등식 $x^2 - 5x + 4 > 0$의 해가 $x > a$ 또는 $x < b$ 일 때, $a + b$의 값은?

① 1

② 3

③ 5

④ 7

정답 : ③

해설 : $(x-1)(x-4) > 0$, $x < 1$ 또는 $x > 4$ 따라서 $a + b = 5$

19

이차부등식 $x^2 - 1 < 0$을 만족하는 정수를 구하면?

① -1

② 0

③ 1

④ 2

정답 : ②

해설 : $(x+1)(x-1) < 0$,
$-1 < x < 1$이므로 $x = 0$

01

두 복소수 $x = 1 + 3i$, $y = 3 - 3i$에 대하여 $x + y$의 값은?

① 2

② $2 + 6i$

③ 4

④ $4 + 6i$

정답 : ③

해설 : $(1+3i)+(3-3i)$
$= (1+3)+(3i-3i) = 4$

02

식 $3x + yi = 15 - i$를 만족하는 실수 x, y에 대하여 $x + y$의 값은?

① 4

② 6

③ 10

④ 14

정답 : ①

해설 : 복소수의 상등으로
$3x = 15$, $yi = -i$로 $x = 5$, $y = -1$
이다. 따라서 $x+y = 5+(-1) =$
4이다.

03

복소수 $z = 2 + 3i$일 때 $z + \bar{z}$의 값은?(단, $i = \sqrt{-1}$ 이고, $\bar{z}$는 z의 켤레복소수이다)

① 4

② $2 + 3i$

③ $4 + 6i$

④ $6i$

정답 : ①

해설 : $z = 2+3i$이므로
$\bar{z} = 2-3i$이다. 따라서
$z+\bar{z} = 2+3i+2-3i = 4$이다

04

등식 $(2 - 4i) + (1 - 3i)$를 계산하면?

① $2 - 8i$

② $2 - 7i$

③ $3 - 7i$

④ $3 + 8i$

정답 : ③

해설 : $(2-4i)+(1-3i)$
$= 2+1-4i-3i = 3-7i$

정답과 해설

정답 : ②

해설 : $i(a-2i)+3i-b$
$=ai-2i^2+3i-b$
$=ai+3i+2-b=0$
따라서 $a=-3$, $b=2$이다.
$i^2=-1$

정답 : ②

해설 : $i=i$, $i^2=-1$,
$i^3=-i$, $i^4=1$ 따라서
$i^{2014}=(i^4)^{503}\times i^2=-1$
$i^{2015}=(i^4)^{503}\times i^3=-i$
$i^{2016}=(i^4)^{504}=1$
$i^{2017}=(i^4)^{504}\times i=i$

정답 : ①

해설 : $(1+i)(2-2i)$
$-(3+3i)(4-4i)$
$=2-2i+2i-2i^2$
$-(12-12i+12i-12i^2)$
$=2-2i^2-(12-12i^2)$
$=2+2-(12+12)$
$=4-24=-20$

정답 : ①

해설 : $|2x-1|=3$에서
$2x-1=\pm3$이므로 $2x-1=3$,
$x=2$, $2x-1=-3$, $x=-1$

05

실수 a, b에 대하여 $i(a-2i)+3i-b=0$일 때 $2a+3b$의 값은?

① -1 ② 0

③ 1   ④ 2

06

$i^{2014}+i^{2015}+i^{2016}+i^{2017}$의 값은?

① -1 ② 0

③ $-i$ ④ i

07

$(1+i)(2-2i)-(3+3i)(4-4i)$의 값은?

① -20 ② $-17+3i$

③ $17-3i$ ④ $15+4i$

08

방정식 $|2x-1|=3$의 해를 모두 더한 값은?

① 1   ② 2

③ 3   ④ 4

09

x에 대한 일차방정식 $(a+1)(a-1)x=a-1$의 해가 존재하지 않을 때 상수 a의 값은?

① -1 ② 0

③ 1 ④ 2

정답 : ①

해설

$(a+1)(a-1)x=a-1$에서

(1) $a=-1$이면 $0\cdot(-2)\cdot x=-2$
   이므로 해가 존재하지 않는다.

(2) $a=1$이면 $2\cdot0\cdot x=0$이므로
   무수히 많은 해가 존재한다.

10

이차방정식 $3x^2-2x-1=0$의 근을 구하면?

① $\dfrac{1}{3}, -1$ ② $-3, 1$

③ $-\dfrac{1}{3}, 1$ ④ $3, -1$

정답 : ③

해설 : 주어진 식을 인수분해하면

$3x^2-2x-1=(3x+1)(x-1)$,

$\therefore x=-\dfrac{1}{3}, 1$

11

이차방정식 $2x^2-5x+3=0$의 두 근의 합을 a, 두 근의 곱을 b라 할 때, $a+b$의 값은?

① 1 ② 2

③ 3 ④ 4

정답 : ④

해설 : $a=-\dfrac{-5}{2}=\dfrac{5}{2}$, $b=\dfrac{3}{2}$,

$\therefore a+b=\dfrac{5}{2}+\dfrac{3}{2}=\dfrac{8}{2}=4$

12

x에 대한 일차방정식 $(a+2)(a-2)x=a+2$의 해가 무수히 많을 때, 상수 a의 값은?

① -2 ② -1

③ 1 ④ 2

정답 : ①

해설

(i) $a\neq-2$, $a\neq2$일 때,
   $x=\dfrac{1}{a-2}$

(ii) $a=-2$일 때, $0\cdot x=0$,
   해는 무수히 많다

(iii) $a=2$일 때, $0\cdot x=4$,
   해는 없다.

13

이차방정식 $x^2 - 2x + 3 = 0$의 두 근을 α, β라 할 때, $\alpha + \beta$의 값은?

① 1   ② 2   ③ 3   ④ 4

정답 : ②

해설 : $\alpha + \beta = -\dfrac{-2}{1} = 2$

14

이차방정식 $3x^2 + 6x - 2 = 0$의 두 근을 α, β 라 할 때, $\alpha^2 + \beta^2$의 값을 구하면?

① $\dfrac{16}{3}$ ② $\dfrac{8}{3}$

③ $\dfrac{4}{3}$ ④ $\dfrac{2}{3}$

정답 : ①

해설 : $3x^2 + 6x - 2 = 0$에서

$\alpha + \beta = -\dfrac{6}{3} = -2$, $\alpha\beta = \dfrac{-2}{3}$

이므로 $\alpha^2 + \beta^2 = (\alpha + \beta)^2 - 2\alpha\beta$

$= (-2)^2 - 2 \cdot \left(\dfrac{-2}{3}\right)$

$= 4 + \dfrac{4}{3} = \dfrac{16}{3}$

15

두 수 $1 + \sqrt{2}\,i$, $1 - \sqrt{2}\,i$를 근으로 갖는 이차방정식을 구하면?

① $x^2 + 2x + 3 = 0$ ② $x^2 - 2x + 3 = 0$

③ $x^2 - 3x + 2 = 0$ ④ $x^2 + 3x - 2 = 0$

정답 : ②

해설 : (두근의합) $= 1 + \sqrt{2}\,i + 1 - \sqrt{2}\,i = 2$, (두근의곱)

$= (1 + \sqrt{2}\,i)(1 - \sqrt{2}\,i)$

$= 1 + 2 = 3$이므로

$x^2 - 2x + 3 = 0$

16

$1 + \sqrt{2}$, $1 - \sqrt{2}$를 두 근으로 하는 이차방정식을 구하면?

① $x^2 + 2x + 1 = 0$ ② $x^2 + 2x - 1 = 0$

③ $x^2 + 2x - 1 = 0$ ④ $x^2 - 2x - 1 = 0$

정답 : ④

해설 : (두근의합)

$= 1 + \sqrt{2} + 1 - \sqrt{2} = 2$,

(두근의곱)

$= (1 + \sqrt{2})(1 - \sqrt{2})$

$= 1 - 2 = -1$

이므로 $x^2 - 2x - 1 = 0$

17

$1 + i$, $1 - i$를 두 근으로 하는 이차방정식 중 이차항의 계수가 2인 이차방정식을 구하면?

① $2x^2 - 2x + 1 = 0$

② $2x^2 - 4x + 4 = 0$

③ $2x^2 - 3x + 1 = 0$

④ $2x^2 - 4x + 5 = 0$

정답 : ②

해설 : (두 근의 합)
$= 1 + i + 1 - i = 2$,
(두 근의 곱)
$= (1 + i)(1 - i) = 1 + 1$
$= 2$이므로 $x^2 - 2x + 2 = 0$,
따라서 $2x^2 - 4x + 4 = 0$

18

이차방정식 $x^2 + 2x - 4 = 0$의 두 근이 α, β일 때, 두 수 $\alpha + 1$, $\beta + 1$을 두 근으로 하는 이차방정식은?

① $x^2 + 5 = 0$

② $x^2 - 5 = 0$

③ $x^2 + 2x + 5 = 0$

④ $x^2 + 2x - 5 = 0$

정답 : ②

해설 : $x^2 + 2x - 4 = 0$에서
$\alpha + \beta = -2$, $\alpha\beta = -4$이므로 구하는 이차방정식의 두 근의 합
$(\alpha + 1) + (\beta + 1) = (\alpha + \beta) + 2$
$= -2 + 2 = 0$, 두 근의 곱
$(\alpha + 1)(\beta + 1) = \alpha\beta + \alpha + \beta + 1$
$= (-4) + (-2) + 1 = -5$
따라서 $x^2 - 5 = 0$

19

연립방정식 $\begin{cases} x + y = 3 \\ y + z = 4 \\ z + x = 5 \end{cases}$ 를 만족하는 세 실수 x, y, z에 대하여 $x + y + z$의 값은?

① 3　　　② 4　　　③ 5　　　④ 6

정답 : ④

해설 : 주어진 세 식을 변끼리 모두 더하면 $2(x + y + z) = 12$이므로 $x + y + z = 6$

정답 : ②

해설 : $x^3 - 1 = 0$을 인수분해하면, $(x-1)(x^2+x+1)=0$이므로 $\omega^3 = 1$, $\omega^2 + \omega + 1 = 0$

$\omega^{10} + \omega^5 + 1$
$= (\omega^3)^3 \cdot \omega + (\omega^3) \cdot \omega^2 + 1$
$= \omega^2 + \omega + 1 = 0$

정답 : x=3일 때, y=4, x=−4일 때, y=−3

해설 : $y = x+1$를 이차식의 y에 대입하면, $x^2 + (x+1)^2 = 25$, $2x^2 + 2x - 24 = 0$, $x^2 + x - 12 = 0$ 따라서 인수분해하면, $(x-3)(x+4)=0$이다. 따라서 $x=3, x=-4$ 때 $x^2+x-12=0$이 성립한다. 주어진 x의 값을 첫 번째 식에 대입하면, $x=3$일 때, $y=4$, $x=-4$일 때, $y=-3$

정답 : x=±4, y=±1
또는 x=±$\sqrt{6}$, y=±$\sqrt{6}$
(복호동순)

해설 : 첫 번째 이차식을 인수분해하면, $(x-4y)(x-y)=0$이므로
(1) $x=4y$일 때, 두 번째 이차식에 대입하면 $(4y)^2 + 2y^2 = 18$, $18y^2 = 18$, $y^2 = 1$, $y = \pm 1$
따라서 $x = \pm 4$
(2) $x=y$일 때, 두 번째 이차식에 대입하면 $y^2 + 2y^2 = 18$, $3y^2 = 18$, $y^2 = 6$, $y = \pm\sqrt{6}$
따라서 $x = \pm\sqrt{6}$

20

$x^3 - 1 = 0$의 한 허근을 ω라 할 때, $\omega^{10} + \omega^5 + 1$의 값은?

① -1 ② 0 ③ 1 ④ 2

21

연립방정식 $\begin{cases} x - y = -1 \\ x^2 + y^2 = 25 \end{cases}$ 의 해를 구하여라.

22

연립방정식 $\begin{cases} x^2 - 5xy + 4y^2 = 0 \\ x^2 + 2y^2 = 18 \end{cases}$ 의 해를 구하여라.

23

방정식 $x^4 - 4x^2 + 3 = 0$을 풀어라.

정답 : $x = \pm 1$, $x = \pm\sqrt{3}$

해설 : $x^2 = t$로 치환하면
$t^2 - 4t + 3 = 0$, $(t-1)(t-3) = 0$, $t = 1$, 3 따라서
$x^2 = 1$ 또는 $x^2 = 3$, $x = \pm 1$,
$x = \pm\sqrt{3}$

24

이차방정식 $x^2 + x + 1 = 0$의 근에 대한 설명으로 옳은 것은?

① 서로 다른 두 허근을 갖는다.

② 서로 다른 두 실근을 갖는다.

③ 중근을 갖는다.

④ 실근과 허근을 각각 한 개씩 갖는다.

정답 : ①

해설 : $D = 1^2 - 4 \cdot 1 \cdot 1$
$= -3 < 0$이므로 서로 다른 두 허근을 갖는다.

25

이차방정식 $x^2 + ax + 25 = 0$이 중근을 갖도록 하는 모든 실수 a의 값의 합은?

① -5　　　② 0　　　③ 5　　　④ 25

정답 : ②

해설 : $D = a^2 - 4 \cdot 1 \cdot 25 = 0$, $a^2 = 100$, $a = \pm 10$ 따라서
합은 0

26

이차방정식 $x^2 + ax + b = 0$에 대하여 한 근이 $1 + \sqrt{3}$일 때, $a + b$의 값은? (단, a, b는 유리수)

① -1　　　　　　② -2

③ -3　　　　　　④ -4

정답 : ④

해설 : 유리계수인 이차방정식은 $1 + \sqrt{3}$의 켤레무리수인 $1 - \sqrt{3}$도 근으로 갖는다. 따라서 근과 계수와의 관계를 이용하면 두 근의 합
$= 1 + \sqrt{3} + 1 - \sqrt{3} = 2 = -a$
두 근의 곱
$= (1 + \sqrt{3})(1 - \sqrt{3}) = 1 - 3$
$= -2 = b$
$a + b = -2 + (-2) = -4$

정답과 해설

27

x에 대한 이차식 $x^2 - 2kx - k^2 + 5k - 2$이 완전제곱식이 되도록 하는 모든 실수 k의 값의 합은?

① $\dfrac{1}{2}$

② $\dfrac{3}{2}$

③ $\dfrac{5}{2}$

④ $\dfrac{7}{2}$

정답 : ③

해설 : 이차식이 완전제곱식이 되는것은 이차방정식이 중근을 갖는것과 같으므로 $D = (-2k)^2 - 4 \cdot 1 \cdot (-k^2 + 5k - 2) = 0$
$2k^2 - 5k + 2 = 0$, $(2k-1)(k-2) = 0$, $k = \dfrac{1}{2}$, $k = 2$

따라서 합은 $\dfrac{5}{2}$

28

정의역이 $\{ x \mid -2 \leq x \leq 3 \}$일 때,
이차함수 $y = -x^2 + 6x + 10$의 최댓값은?

① 20

② 19

③ 18

④ 17

정답 : ②

해설 : $y = -(x^2 - 6x + 9 - 9) + 10$
$= -(x-3)^2 + 19$는 꼭짓점의 좌표가 $(3, 19)$로 $x = 3$ 을 대칭축으로 한 위로 볼록한 포물선이다. 따라서, 주어진 정의역에 꼭짓점의 x좌표가 포함되므로 꼭짓점의 x좌표에서 최댓값을 갖는다.
∴ $x = 3$일 때, 최댓값 19

29

다음 함수의 최댓값과 최솟값을 구하여라.

$y = x^2 - 6x + 1$

정답 : 최솟값 −8,
　　　최댓값은 없다.

해설 : $y = x^2 - 6x + 1$
$= (x^2 - 6x + 9 - 9) + 1$
$= (x-3)^2 - 8$
꼭짓점의 좌표는 $(3, -8)$인 아래로 볼록한 포물선이다.
따라서, 꼭짓점에서 최솟값 -8을 갖고, 최댓값은 없다.

30

정의역 : $\{ x \mid -1 \leqq x \leqq 2 \}$, $y = -x^2 + 2x + 2$의 최댓값과 최솟값을 구하여라.

31

이차함수 $y = 2x^2 + px + q$는 $x = 1$일 때, 최솟값 2를 갖는다고 한다. 이 때, pq의 값을 구하면?

① -2 ② -4 ③ -8 ④ -16

32

$y = -x^2 + 4x - 3$의 그래프를 고르면 ?

①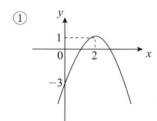

②

③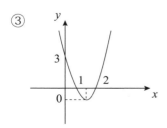

④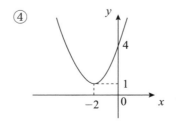

정답 : 최댓값 3 최솟값 -1

해설 : $y = -x^2 + 2x + 2$
$= -(x^2 - 2x + 1 - 1) + 2$
$= -(x - 1)^2 + 3$ 꼭짓점의 좌표는 $(1, 3)$인 위로 볼록한 포물선이다. 따라서, 주어진 정의역에 꼭짓점이 포함되므로 꼭짓점에서 최댓값 3을 갖고, 최솟값은 꼭짓점에서 가장 멀리 떨어진 $x = -1$에서 -1이다.

정답 : ④

해설 : $y = 2x^2 + px + q$의 식을 직접 완전제곱꼴로 고쳐 꼭짓점을 찾는 방법보다, 아래로 볼록한 포물선은 꼭짓점에서 최솟값을 가지므로 $(1, 2)$이 꼭짓점이고, 이차항의 계수가 2인 이차함수를 구하면 된다.
$2(x - 1)^2 + 2 = 2(x^2 - 2x + 1) + 2$
$= 2x^2 - 4x + 4$이므로,
$p = -4$, $q = 4$,
$\therefore pq = -16$

정답 : ①

해설 : $y = -x^2 + 4x - 3$
$= -(x^2 - 4x + 4 - 4) - 3$
$= -(x - 2)^2 + 1$
최고차항의 계수가 -1이므로 위로 볼록하고, 꼭짓점의 좌표가 $(2, 1)$인 포물선이다.

33

이차함수 $y = x^2 + ax + b$의 꼭짓점이 $(3, -4)$일 때 상수 a, b의 값을 구하면 ?

① $a = -5$, $b = 5$

② $a = -6$, $b = 5$

③ $a = -6$, $b = -6$

④ $a = -5$, $b = 6$

정답 : ②

해설 : 최고차항의 계수는 1이고, 꼭짓점의 좌표는 $(3, -4)$이므로,
$y = (x-3)^2 - 4$
$\quad = x^2 - 6x + 9 - 4$
$\quad = x^2 - 6x + 5$

34

이차함수 $f(x) = x^2 - 2x + 3\,(0 \leq x \leq 3)$의 최댓값과 최솟값의 합은?

① 2

② 4

③ 6

④ 8

정답 : ④

해설 : $f(x) = x^2 - 2x + 3$
$\quad = (x^2 - 2x + 1 - 1) + 3$
$\quad = (x-1)^2 + 2$, $x = 1$일 때,
최솟값 2, $x = 3$일 때 최댓값 6

35

이차함수 $y = x^2 - 4x + 1$의 정의역이 $\{\, x \mid -1 \leq x \leq 1 \,\}$일 때, 최댓값과 최솟값의 합은?

① -2

② 2

③ 3

④ 4

정답 : ④

해설 : $y = x^2 - 4x + 1$에서
$f(x) = (x-2)^2 - 3$이고 축이 정의역에 포함되지 않으므로
$f(-1) = 6$이 최댓값,
$f(1) = -2$가 최솟값이다.

36

이차함수 $y = x^2 + kx + 1$의 그래프가 x축과 서로 다른 두 점에서 만나도록 상수 k의 값의 범위를 구하면?

① $k < -2$ 또는 $k > 2$

② $k < 0$ 또는 $k > 2$

③ $k < -3$ 또는 $k > 2$

④ $-2 < k < 2$

정답 : ①

해설 : $x^2 + kx + 1 = 0$의 이차방정식이 서로 다른 두 실근을 갖도록 한다.
$D = k^2 - 4 \cdot 1 \cdot 1 > 0$,
$(k+2)(k-2) > 0$,
$k < -2$ 또는 $k > 2$

37

이차함수 $y = x^2$의 그래프와 직선 $y = 2x - k$가 접하도록 상수 k의 값을 구하면?

① 1   ② 2

③ 3   ④ 4

정답 : ①

해설 : 이차방정식 $x^2 = 2x - k$가 중근을 갖도록 하면 포물선과 직선이 접하게 된다.
$x^2 - 2x + k = 0$,
$D/4 = (-1)^2 - 1 \cdot k = 0$
$\therefore k = 1$

38

이차함수 $y = -x^2 + kx - 1$의 그래프가 x축과 만나지 않도록 상수 k의 값의 범위를 구하면?

① $-2 < k < 0$

② $-2 < k < 2$

③ $2 < k < 4$

④ $-4 < k < 4$

정답 : ②

해설 : $-x^2 + kx - 1 = 0$의 이차방정식이 실근을 갖지 않도록 한다.
$D = k^2 - 4 \cdot (-1) \cdot (-1) < 0$,
$k^2 - 4 < 0$,
$(k+2)(k-2) < 0$,
$\therefore -2 < k < 2$

정답과 해설

정답 : ①

해설 : 이차방정식 $-x^2 = ax + 4$ 가 서로 다른 두 실근을 갖도록 한다.
$x^2 + ax + 4 = 0$,
$D = a^2 - 4 \cdot 1 \cdot 4 > 0$,
$a^2 - 16 > 0$,
$(a+4)(a-4) > 0$,
$\therefore a < -4$ 또는 $a > 4$

정답 : ③

해설 : 이차방정식
$x^2 + ax + 1 = 3x - 8$이 실근을 갖지 않도록 한다.
$x^2 + (a-3)x + 9 = 0$,
$D = (a-3)^2 - 4 \cdot 1 \cdot 9 < 0$,
$a^2 - 6a - 27 < 0$,
$(a-9)(a+3) < 0$,
$\therefore -3 < a < 9$

정답 : ①

해설 : $x^2 - 2x + k = 0$이 실근을 갖도록 한다. 서로 다른 두 실근과 중근을 모두 포함한다.
$D/4 = (-1)^2 - 1 \cdot k \geq 0$
$k \leq 1$

정답 : ③

해설 : 판별식 $D = 0$를 적용하면 $D = m^2 - 4m = 0$ $m = 0$ 또는 4이므로 양수 $m = 4$이다. 이때의 이차함수는 $y = x^2 + 4x + 4$이고 $x = 1$을 대입하면 9이다. 따라서 (1, 9)를 지남. $\therefore a = 9$

39

이차함수 $y = -x^2$의 그래프와 직선 $y = ax + 4$가 서로 다른 두 점에서 만나도록 상수 a의 값의 범위를 구하면?

① $a < -4$ 또는 $a > 4$

② $a < -2$ 또는 $a > 2$

③ $-2 < a < 2$

④ $-4 < a < 4$

40

이차함수 $y = x^2 + ax + 1$의 그래프와 직선 $y = 3x - 8$이 만나지 않도록 상수 a의 값의 범위를 구하면?

① $-3 < a < 3$

② $-3 < a < 6$

③ $-3 < a < 9$

④ $-3 < a < 12$

41

이차함수 $y = x^2 - 2x + k$가 x축과 만나도록 상수 k의 값의 범위를 구하면?

① $k \leq 1$

② $k \leq 0$

③ $k \leq -1$

④ $k \leq -2$

42

이차함수 $y = x^2 + mx + m$의 그래프가 x축과 접할때의 양수 m값에 대하여 그 이차함수가 (1, a)를 지날 때 a의 값을 구하면?

① 5

② 7

③ 9

④ 16

43

$3x - 2 > 2x + 5$의 해를 구하면?

① $x > 7$ ② $x > -3$

③ $x < 7$ ④ $x < -3$

정답 : ①

해설 : $3x - 2x > 5 + 2$, $x > 7$

44

부등식 $|3x - 3| < 6$의 해가 $a < x < b$ 일 때, $a + b$의 값은?

① 1   ② 2

③ 3   ④ 4

정답 : ②

해설 : $|3x - 3| < 6$은 $-6 < 3x - 3 < 6$이고 $-3 < 3x < 9$, $-1 < x < 3$이므로 $a + b = 2$

45

이차부등식 $(x - 3)(x + 2) > 0$의 해는?

① $-2 < x < 3$ ② $-3 < x < 2$

③ $x < -3$ 또는 $x > 2$ ④ $x < -2$ 또는 $x > 3$

정답 : ④

해설 : $(x - 3)(x + 2) = 0$의 두 근이 $x = 3$ 또는 $x = -2$이므로 $x < -2$ 또는 $x > 3$

46

이차부등식 $x^2 - 2x - 3 > 0$의 해가 $x < a$ 또는 $x > b$일 때, $a - b$의 값은?

① 4   ② -4

③ 2   ④ -2

정답 : ②

해설 : $x^2 - 2x - 3 > 0$의 좌변을 인수분해하면 $(x - 3)(x + 1) > 0$ $x < -1$ 또는 $x > 3$ 따라서, $a = -1$, $b = 3$, $a - b = -1 - 3 = -4$

정답 : ④

해설 : $x^2+x-12<0$,
$(x+4)(x-3)<0$, $-4<x<3$이
므로 3은 포함되지 않는다.

정답 : ②

해설 : 해가 $-3<x<5$이므로
$(x+3)(x-5)<0$,
$x^2-2x-15<0$, 따라서
$a=-2$, $b=-15$, $a+b=-17$

정답 : ③

해설 : $ax^2+5x+b>0$의 해가 2
$<x<3$이므로 $(x-2)(x-3)<0$,
$x^2-5x+6<0$ 주어진 식과 일
차항의 계수를 비교하여 맞추
면 $-x^2+5x-6>0$ 이 된다.
따라서,
$a=-1$, $b=-6$, $a+b=-7$

정답 : ②

해설 : $-5<x^2+2x-8<7$는
$-5<x^2+2x-8$와 x^2+2x-8
<7의 연립부등식이다. 따라서
주어진 부등식을 각각 풀면,
$x^2+2x-3>0$, $(x+3)(x-1)>0$,
$x<-3$ 또는 $x>1$
$x^2+2x-8<7$, $x^2+2x-15<0$,
$(x+5)(x-3)<0$, $-5<x<3$
공통해를 구하면, $-5<x<-3$
또는 $1<x<3$이므로 만족하는
정수는-4와 2

47

이차부등식 $x^2+x-12<0$의 해가 될 수 없는 것은?

① -3 ② -1 ③ 1 ④ 3

48

이차부등식 $x^2+ax+b<0$의 해가 $-3<x<5$일 때, $a+b$의
값은?

① 2 ② -17 ③ -13 ④ $-$ 2

49

x에 대한 이차부등식 $ax^2+5x+b>0$의 해가 $2<x<3$일 때,
$a+b$의 값은?

① -5 ② -5

③ -7 ④ -9

50

부등식 $-5<x^2+2x-8<7$을 만족하는 정수 x의 개수는?

① 1 ② 2

③ 3 ④ 4

3.도형의 방정식

01 평면좌표와 직선의 방정식

(1) 점과 직선

① 두 점 사이의 거리

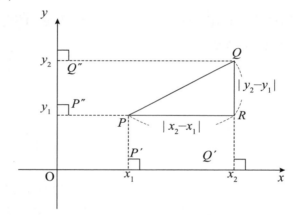

- 수직선 위의 두 점 $A(a)$, $B(b)$ 사이의 거리 : $AB = |b - a|$

- 평면 위의 두 점 $A(x_1, y_1)$, $B(x_2, y_2)$ 사이의 거리 : $AB = \sqrt{(x_2 - x_1)^2 + (y_2 - y_1)^2}$

- 원점 $O(0, 0)$ 점 $A(x, y)$ 사이의 거리 : $OA = \sqrt{x^2 + y^2}$

⊙ 연습문제 ⊙

평면 위의 두 점 $A(1, 3)$, $B(3, 6)$ 사이의 거리를 구해봅시다.

② 선분의 내분점과 외분점 : 평면 위의 두 점 $A(x_1, y_1)$, $B(x_2, y_2)$에 대하여 선분 AB를 $m : n$ $(m > 0, n > 0)$으로 내분하는 점 P, 외분하는 점 Q, 중점 M의 좌표

- 내분점 : $P\left(\dfrac{mx_2 + nx_1}{m + n}, \dfrac{my_2 + ny_1}{m + n}\right)$

- 외분점 : $Q\left(\dfrac{mx_2 - nx_1}{m - n}, \dfrac{my_2 - ny_1}{m - n}\right)$

- 중점 : $M\left(\dfrac{x_2 + x_1}{2}, \dfrac{y_2 + y_1}{2}\right)$

⊙ 연습문제 ⊙

평면 위의 두 점 $A(2, 3)$, $B(1, 7)$에 대하여 선분 $\overline{AB}$를 1:2로 내분하는 점 P의 좌표를 구해봅시다.

---

③ 삼각형의 무게중심 : 삼각형에서 한 꼭지점과 그 대변의 중점을 이은 선분을 중선이라고 하는데, 삼각의 세 중선은 한 점에서 반드시 만난다. 이 점을 삼각형의 무게중심이라 하고 보통 이 점을 G로 나타낸다. 세점 $A(x_1, y_1)$, $B(x_2, y_2)$, $C(x_3, y_3)$를 꼭지점으로 하는 $\triangle ABC$의 무게중심 → $G\left(\dfrac{x_1 + x_2 + x_3}{3}, \dfrac{y_1 + y_2 + y_3}{3}\right)$

⊙ 연습문제 ⊙

세 점 $(1, 3)$, $(2, -1)$, $(0, 1)$이 만드는 삼각형의 무게중심이 좌표를 구하여라.

---

(2) 직선의 방정식

① 형태

$$y = ax + b \qquad \rightarrow a : 기울기, \ b : y절편$$
$$ax + by + c = 0 \qquad -\frac{a}{b} : 기울기, \ -\frac{c}{b} : y절편$$

• $y = ax + b$

• 기울기 $= \dfrac{y값의 \ 증가량}{x값의 \ 증가량} = a$

　　㉠ $a > 0$: x값 증가 $\rightarrow y$값 증가

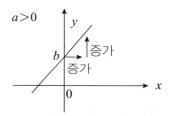

　　㉡ $a < 0$: x값 증가 $\rightarrow y$값 감소

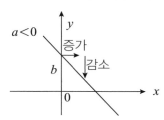

• x절편 $= -\dfrac{b}{a}$: x 축과 만나는 점의 좌표($y = 0$일때의 x값)

　y절편 $= b$: y 축과 만나는 점의 좌표($x = 0$일때의 y의 값)

② 직선의 방정식

• 기울기가 a, y 절편이 b인 직선 : $y = ax + b$

⊙ 연습문제 ⊙

기울기가 3, y절편이 − 4인 직선

- 기울기가 a, 점$(x_1,\ y_1)$을 지나는 직선 : $y - y_1 = a(x - x_1)$

기울기가 2, 점(1, 3)을 지나는 직선

- 두 점 $(x_1,\ y_1)$ $(x_2,\ y_2)$을 지나는 직선 : $y - y_1 = \dfrac{y_2 - y_1}{x_2 - x_1}(x - x_1)$

⊙ 연습문제 ⊙

두 점 (1, 2), (3, − 2)를 지나는 직선

- x절편이 a, y절편이 b인 직선 : $\dfrac{x}{a} + \dfrac{y}{b} = 1$

⊙ 연습문제 ⊙

x절편이 3, y절편이 2인 직선

- 축에 평행한 직선

　　㉠ $x=k$의 그래프 : 점 $(k, 0)$ 를 지나고 y축에 평행한 직선

　　㉡ $y=k$의 그래프 : 점 $(0, k)$ 를 지나고 x축에 평행한 직선

⊙ 연습문제 ⊙

01. **(3, 5)를 지나면서 x축과 평행한 직선의 방정식을 구하여라.**

02. **$(-2, a)$가 $y=3$위의 점일 때, a값을 구하여라.**

---

③ 두 직선의 위치관계

	$y=mx+n$ $y=m'x+n'$	$ax+by+c=0$ $a'x+b'y+c'=0$
평행	$m=m',\ n\neq n'$	$\dfrac{a}{a'}=\dfrac{b}{b'}\neq\dfrac{c}{c'}$
일치	$m=m',\ n=n'$	$\dfrac{a}{a'}=\dfrac{b}{b'}=\dfrac{c}{c'}$
한점	$m\neq m'$	$\dfrac{a}{a'}\neq\dfrac{b}{b'}$
수직	$mm'=-1$	$aa'+bb'=0$

⊙ 연습문제 ⊙

01. 점 $(1, 2)$를 지나고 직선 $x + 2y - 2 = 0$에 수직인 직선의 방정식을 구해 봅시다.

02. $2x + 3y - 5 = 0$과 평행하고 $\left(1, \dfrac{1}{3}\right)$을 지나는 직선의 방정식을 구하여라.

03. $2x + ay + 5 = 0$과 $bx + 4y + 10 = 0$의 그래프가 일치할 때, $a + b$의 값을 구하여라.

④ 두 직선의 교점을 지나는 직선 : 한 점에서 만나는 두 직선 $\begin{cases} l : ax + by + c = 0 \\ m : a'x + b'y + c' = 0 \end{cases}$ 의 교점을 지나는 직선의 방정식은, $ax + by + c + k\,(a'x + b'y + c') = 0$(단, k는 실수)

⊙ 연습문제 ⊙

$x + 2y - 3 = 0$과 $2x - y + 6 = 0$의 교점과 $(1, 2)$를 지나는 직선의 방정식 을 구하여라.

⑤ 점과 직선 사이의 거리 : 점 P (x_1, y_1)과 직선 $l : ax + by + c = 0$ 사이의 거리 d는

$$d = \frac{|ax_1 + by_1 + c|}{\sqrt{a^2 + b^2}}$$ 이다.

※ 점 (x_1, y_1)과 직선 l 사이의 거리는 이 점으로부터 직선에 내린 수선의 발까지의 거리를 말한다.

⊙ 연습문제 ⊙

$(-2, 5)$, $3x + 4y - 3 = 0$의 사이의 거리를 구해봅시다.

02 원의 방정식

(1) 원

① 원 : 평면 위의 한 정점으로부터 일정한 거리에 있는 점의 집합

- 정점 : 원의 중심
- 일정한 거리 : 원의 반지름의 길이

(2) 원의 방정식

- 기본형 : 중심이 $(0, 0)$이고 반지름 길이가 r인 원 → $x^2 + y^2 = r^2$
- 표준형 : 중심이 (a, b)이고 반지름 길이가 r인 원 → $(x - a)^2 + (y - b)^2 = r^2$
- 일반형 : $x^2 + y^2 + Ax + By + C = 0$

⊙ 연습문제 ⊙

01. 원 $x^2 + y^2 + 2x - 6y + 8 = 0$의 중심과 반지름을 구하여라.

02. 세 점 $(1, 2)$, $(3, 0)$, $(-1, 0)$를 지나는 원의 방정식을 구하여라.

(3) 원과 직선의 위치 관계

> r : 원의 반지름
>
> d : 원의 중심에서 직선에 이르는 거리
>
> 원 : $(x - p)^2 + (y - q)^2 = r^2$
>
> 직선 : $y = ax + b$

① 두 점에서 만난다.

$r > d$

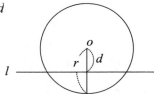

$$\begin{cases} 원의\ 방정식 \\ 직선의\ 방정식 \end{cases}$$
⇒ 서로 다른 두 개의 실근을 갖는다.

$(D > 0)$

② 접한다.

$r = d$

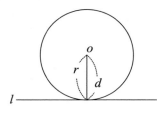

$$\begin{cases} 원의\ 방정식 \\ 직선의\ 방정식 \end{cases}$$
⇒ 중근을 갖는다.

$(D = 0)$

③ 만나지 않는다.

$r < d$

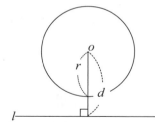

$\left\{ \begin{array}{l} \text{원의 방정식} \\ \text{직선의 방정식} \end{array} \right.$

⇒ 허근을 갖는다.

$(D < 0)$

◉ 연습문제 ◉

01. 원 $x^2 + y^2 = 5$와 직선 $y = 2x + k$가 서로 <u>다른</u> 두 점에서 만나도록 k의 값의 범위를 정하여라.

02. 직선 $y = 2x + k$와 원 $x^2 + y^2 = 5$가 접하도록 상수 k의 값을 정하여라.

03. $(x - 2)^2 + (y + 3)^2 = r^2$이 x축에 접할 때의 r을 구하여라.

04. $(x + a)^2 + (y + 3)^2 = 2^2$이 y축에 접할 때의 a를 구하여라.

④ 원과 접선의 방정식

- 접선의 기울기를 알 때의 접선의 방정식 : 원 $x^2 + y^2 = r^2$에 접하고, 기울기가 m인 접선의 방정식은 $y = mx \pm r\sqrt{1 + m^2}$

- 접점을 알 때의 접선의 방정식

  ㉠ 원 $x^2 + y^2 = r^2$위의 한 점 $P(x_1, y_1)$에서의 접선의 방정식은 $x_1 x + y_1 y = r^2$

  ㉡ 원 $(x - a)^2 + (y - b)^2 = r^2$위의 한 점 $P(x_1, y_1)$에서의 접선의 방정식은
  $(x_1 - a)(x - a) + (y_1 - b)(y - b) = r^2$

⊙ 연습문제 ⊙

01. 원 $x^2 + y^2 = 5$ 위의 점 $(2, -1)$에서의 접선의 방정식을 구하여라.

02. 원 $x^2 + y^2 = 2$에 접하고, 기울기가 3인 접선의 방정식을 구하여라.

03. $(x - 1)^2 + (y + 2)^2 = 5$ 위의 점 $(2, 0)$에서의 접선의 방정식을 구하여라.

⑤ 두 원의 교점을 지나는 도형(원, 직선)

서로 만나는 두 원 $\begin{cases} x^2 + y^2 + Ax + By + C = 0 \\ x^2 + y^2 + A'x + B'y + C' = 0 \end{cases}$

- 두 원의 교점을 지나는 원의 방정식

  $(x^2 + y^2 + Ax + By + C)\,k + (x^2 + y^2 + A'x + B'y + C') = 0$

- 두 원의 교점을 지나는 직선의 방정식

  $(x^2 + y^2 + Ax + By + C)\,(-1) + (x^2 + y^2 + A'x + B'y + C') = 0$

◉ 연습문제 ◉

01. 두 원 $x^2 + y^2 + 2x - 6y + 8 = 0$, $x^2 + y^2 - 4y = 0$의 공통현의 방정식을 구하여라.

02. 두 원 $x^2 + y^2 = 8$, $(x-1)^2 + (y-2)^2 = 5$의 교점과 $(-4, \ 0)$을 지나는 원의 방정식을 구하여라.

03 도형의 이동

(1) 평행이동

x축 방향으로 m, y축 방향으로 n만큼 평행이동

① 점의 이동 : $(x, y) \rightarrow (x + m, y + n)$

② 도형의 이동

$$\begin{cases} f(x, y) = 0 \rightarrow f(x - m, y - n) = 0 \\ y = f(x) \rightarrow y - n = f(x - m) \end{cases}$$

⊙ 연습문제 ⊙

원 $x^2 + y^2 = 2$를 x축의 방향으로 1만큼, y축의 방향으로 3만큼 평행이동한 원의 방정식을 구하여라.

---

(2) 대칭이동

대칭이동	점 (x, y)	도형 $f(x, y)$
x축 $(y = 0)$ 대칭	$(x, -y)$	$f(x, -y) = 0$
y축 대칭 $(x = 0)$	$(-x, y)$	$f(-x, y) = 0$
원점 $(0, 0)$ 대칭	$(-x, -y)$	$f(-x, -y) = 0$
직선 $y = x$ 대칭	(y, x)	$f(y, x) = 0$

⊙ 연습문제 ⊙

01. $x + y - 1 = 0$을 각각 x축, y축, 원점 및 직선 $y = x$에 대하여 대칭 이동한 도형의 방정식을 구하여라.

02. $x^2 + (y - 2)^2 = 9$를 x축 대칭이동한 후 y축으로 -2만큼 평행이동한 원의 방정식을 구하여라.

03. $A(3, 5)$, $B(-1, 3)$을 각각 $y = x$에 대칭 이동시킨 점을 P, Q라고 할 때 $\overline{PQ}$의 중점을 구하여라.

04 부등식의 영역

(1) 부등식의 영역

① 부등식 $y > f(x)$, $y < f(x)$의 영역

$\begin{cases} y > f(x) \iff y = f(x)의 윗쪽 부분 \\ y < f(x) \iff y = f(x)의 아랫쪽 부분 \end{cases}$

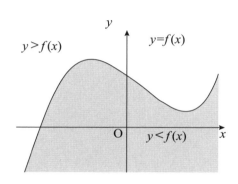

다음 부등식의 영역을 그림으로 나타내보자.

① $y > -x + 3$

② $y \leqq 2x - 4$

③ $y > 3x^2$

④ $y \leq x^2 - 1$

② 부등식 $f(x, y) > 0,\ f(x, y) < 0$의 영역

- 도형 $f(x, y) = 0$의 그래프를 그린다.
- 곡선 밖의 임의의 한 점을 대입한 후 부등식의 성립 여부를 판단하여 영역을 구한다.

◉ 연습문제 ◉

다음 부등식의 영역을 그림으로 나타내보자.

① $xy > 0$ ② $y^2 > x^2$

③ 연립부등식의 영역 : 두 부등식을 모두 만족하는 영역(두 부등식의 영역의 교집합)

◉ 연습문제 ◉

01. $\begin{cases} y \leqq 3x - 6 \\ y > -x + 2 \end{cases}$ 의 영역을 그림으로 나타내보자.

02. $\begin{cases} y > x^2 \\ y \leqq -x + 2 \end{cases}$ 의 영역을 그림으로 나타내보자.

(2) 원과 부등식의 영역

$$x^2 + y^2 < r^2 \text{ 의 영역 : 원 } x^2 + y^2 = r^2 \text{ 의 내부}$$
$$x^2 + y^2 > r^2 \text{ 의 영역 : 원 } x^2 + y^2 = r^2 \text{ 의 외부}$$

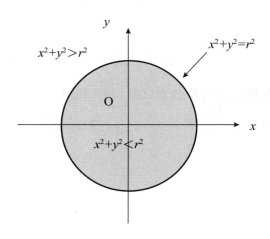

⊙ 연습문제 ⊙

$x^2 + y^2 < 4,\ y > 2x$의 영역의 넓이를 구하면?

01

좌표평면 위의 두 점 $A(3, 3)$, $B(-1, 5)$에 대하여 선분 AB의 중점의 좌표는?

① (2, 3)　　　　　　② (3, 5)

③ (4, 6)　　　　　　④ (1, 4)

정답 : ④

해설 : 중점은 $x = \dfrac{3+(-1)}{2} = 1$,

$y = \dfrac{3+5}{2} = 4$이므로 (1, 4)

02

좌표평면 위의 두 점 $A(2, -1)$, $B(a, b)$에 대하여 선분 AB의 중점의 좌표가 $(1, -1)$일 때, $a+b$의 값은?

① -2　　　　　　② -1

③ 0　　　　　　④ 1

정답 : ②

해설 : 중점은 $x = \dfrac{2+a}{2} = 1$,

$y = \dfrac{-1+b}{2} = -1$이므로

$a+2 = 2$, $b-1 = -2$,

$a = 0$, $b = -1$ 따라서,

$a+b = -1$

03

다음 중 직선 $y = -\dfrac{3}{2}x + 1$와 수직인 직선의 방정식은?

① $y = \dfrac{2}{3}x + 2$　　　　　② $y = -\dfrac{3}{2}x + 2$

③ $y = \dfrac{3}{2}x + 2$　　　　　④ $y = -\dfrac{2}{3}x + 2$

정답 : ①

해설 : 서로 수직인 직선의 기울기의 곱은 -1이므로 부호가 반대인 역수이다.

04

직선 $y = \dfrac{1}{2} + 3$에 평행하고, 점 $(2, 6)$을 지나는 직선은?

① $y = -\dfrac{1}{2}x + 2$　　　　② $y = -2x + 2$

③ $y = \dfrac{1}{2}x + 5$　　　　④ $y = \dfrac{1}{2}x + 4$

정답 : ③

해설 : 직선 $y = \dfrac{1}{2}x + 3$에 평행한 직선의 기울기는 $\dfrac{1}{2}$이므로, 점 $(2, 6)$를 지나는 직선의 방정식은 $y = \dfrac{1}{2}(x-2)+6$, $y = \dfrac{1}{2}x + 5$

정답과 해설

05

두 점 $A(2, 2)$, $B(3, 5)$ 사이의 거리는?

① $\sqrt{2}$ ② $\sqrt{5}$

③ $\sqrt{7}$ ④ $\sqrt{10}$

정답 : ④

해설 : $\sqrt{(3-2)^2 + (5-2)^2}$
$= \sqrt{10}$

06

중심이 $(1, 3)$이고, 반지름의 길이가 3인 원의 방정식은?

① $(x+1)^2 + (y+3)^2 = 9$ ② $(x-1)^2 + (y-3)^2 = 3$

③ $(x-1)^2 + (y-3)^2 = 9$ ④ $(x-3)^2 + (y-1)^2 = 9$

정답 : ③

해설 : $(x-1)^2 + (y-3)^2 = 3^2$

07

중심이 $(3, -1)$이고, x축에 접하는 원의 방정식은?

① $(x-3)^2 + (y-1)^2 = 2$ ② $(x-3)^2 + (y-1)^2 = 4$

③ $(x+1)^2 + (y-3)^2 = 1$ ④ $(x-3)^2 + (y+1)^2 = 1$

정답 : ④

해설 : x축에 접하는 원의 반지름은 중심의 y좌표의 "크기"와 동일하므로 1이다. 따라서,
$(x-3)^2 + (y+1)^2 = 1$

08

중심이 $(4, 1)$이고, 점 $(2, 1)$을 지나는 원의 방정식은?

① $(x-4)^2 + (y-1)^2 = 4$

② $(x-4)^2 + (y-1)^2 = 2$

③ $(x-4)^2 + (y-1)^2 = 16$

④ $(x-1)^2 + (y-4)^2 = 4$

정답 : ①

해설 : 중심이 $(4, 1)$이므로 원의 방정식은 $(x-4)^2 + (y-1)^2 = r^2$이 원이 $(2,1)$을 지나므로 원의 방정식에 대입하면,
$(2-4)^2 + (1-1)^2 = r^2$
따라서, $r^2 = 4$이므로
$(x-4)^2 + (y-1)^2 = 4$

09

두 점 $(2, 1)$, $(0, -5)$를 이은 선분을 지름으로 하는 원의 방정식은?

① $(x-1)^2 + (y-2)^2 = 10$

② $(x+1)^2 + (y-2)^2 = 2$

③ $(x-1)^2 + (y+2)^2 = 10$

④ $(x-1)^2 + (y-2)^2 = 4$

10

$x^2 + y^2 + 2x - 8y - 8 = 0$에서 원의 중심과 반지름을 차례대로 구하면?

① $(1, 4)$, 5

② $(-1, 4)$, 25

③ $(-1, 4)$, 5

④ $(-1, -4)$, 5

11

점 $(3, -2)$를 x축에 대하여 대칭이동한 후, 다시 y축에 대하여 대칭 이동한 점의 좌표는?

① $(2, -3)$

② $(-2, -3)$

③ $(3, -2)$

④ $(-3, 2)$

12

점 $(-1, 3)$을 x축으로 2만큼, y축으로 -2만큼 평행이동한 점의 좌표는?

① $(1, -1)$

② $(-1, -1)$

③ $(3, 1)$

④ $(1, 1)$

정답 : ④

해설 : 점 (x, y)를 x축으로 2만큼, y축으로 -2만큼 평행이동하면 $(x+2, y-2)$가 되므로, $(1, 1)$

13

점 $(2, -1)$을 원점에 대하여 대칭이동한 점의 좌표는?

① $(-2, -1)$ ② $(2, 1)$

③ $(-2, 1)$ ④ $(-1, 2)$

정답 : ③

해설 : 원점에 대하여 대칭이동하면, x, y의 좌표의 부호가 모두 반대로 바뀌므로$(-2, 1)$

14

다음 그림의 색칠된 부분을 연립부등식으로 나타낸 것은?

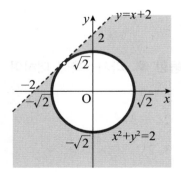

① $\begin{cases} x - y + 2 \geqq 0 \\ x^2 + y^2 - 2 \leqq 0 \end{cases}$

② $\begin{cases} x - y + 2 < 0 \\ x^2 + y^2 - 2 \geqq 0 \end{cases}$

③ $\begin{cases} x - y + 2 > 0 \\ x^2 + y^2 - 2 \leqq 0 \end{cases}$

④ $\begin{cases} x - y + 2 > 0 \\ x^2 + y^2 - 2 \geqq 0 \end{cases}$

정답 : ④

해설 : 직선 $y=x+2$의 아래쪽이므로(경계제외) $y<x+2$, 원의 외부이므로(경계포함) $x^2+y^2\geqq2$ 따라서,
$\begin{cases} x - y + 2 > 0 \\ x^2 + y^2 - 2 \geqq 0 \end{cases}$

15

연립 부등식 $\begin{cases} y \geq 2x \\ x^2 + y^2 \leq 1 \end{cases}$ 의 영역을 빗금으로 바르게 나타낸 것은?

①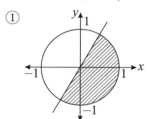

②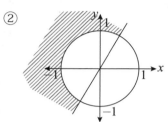

③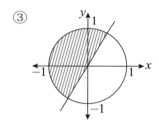

④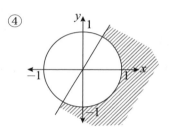

정답 : ③

해설 : $y \geq 2x$는 직선 $y = 2x$의 위쪽(경계선포함), $x^2 + y^2 \leq 1$은 원의 내부(경계선포함)이므로, 동시에 만족하는 부분을 찾으면, 원의 내부 중 직선의 위쪽이다.

01

두 점 $A(1, 2)$, $B(7, 8)$ 사이의 거리는?

① $2\sqrt{2}$ ② $4\sqrt{2}$

③ $6\sqrt{2}$ ④ $8\sqrt{2}$

정답 : ③

해설 : $\sqrt{(7-1)^2+(8-2)^2}$
$=\sqrt{36+36}=6\sqrt{2}$

02

다음 두 점 $A(1, 3)$, $B(4, 0)$을 잇는 선분 AB를 1 : 2로 내분하는 점은?

① $(1, 2)$ ② $(2, 2)$

③ $(2, 3)$ ④ $(-2, -2)$

정답 : ②

해설 : $x=\dfrac{1\cdot4+2\cdot1}{1+2}=2$,

$y=\dfrac{1\cdot0+2\cdot3}{1+2}=2$,

따라서 $(2, 2)$

03

다음 세 점 $A(-3, 2)$, $B(-1, -2)$, $C(4, 3)$을 꼭지점으로 하는 $\triangle ABC$의 무게중심의 좌표를 구하면?

① $(0, 1)$ ② $(1, 1)$

③ $(1, 0)$ ④ $(0, -1)$

정답 : ①

해설 : $x=\dfrac{-3+(-1)+4}{3}=0$,

$y=\dfrac{2+(-2)+3}{3}=1$,

따라서 $(0, 1)$

04

$\triangle ABC$의 두 꼭지점이 $A(-1, 2)$, $B(1, 5)$이고, 무게중심이 $G(1, 3)$일 때, 꼭지점 C의 좌표를 구하면?

① $(2, 2)$ ② $(-3, 2)$

③ $(3, -2)$ ④ $(3, 2)$

정답 : ④

해설 : 점 C의 좌표를 (a, b)라 두고 무게중심을 구하면
$\dfrac{-1+1+a}{3}=1$, $\dfrac{2+5+b}{3}=3$
이므로, $a=3$, $b=2$

05

두 점 $A(0, -2)$, $B(2, 3)$를 3 : 2로 외분하는 점을 구하면?

① $(3, 6)$　　　　　② $(6, 13)$

③ $(-6, -13)$　　④ $(3, 3)$

정답 : ②

해설 : $x = \dfrac{3 \cdot 2 - 2 \cdot 0}{3 - 2} = 6$,

$y = \dfrac{3 \cdot 3 - 2 \cdot (-2)}{3 - 2} = 13$

이므로 $(6, 13)$

06

두 점 $A(5, 3)$, $B(2, 7)$의 중점을 구하면?

① $(7, 5)$　　　　　② $\left(5, \dfrac{7}{2}\right)$

③ $\left(-\dfrac{7}{2}, 5\right)$　　④ $\left(\dfrac{7}{2}, 5\right)$

정답 : ④

해설 : $x = \dfrac{5 + 2}{2} = \dfrac{7}{2}$, $\dfrac{3 + 7}{2} = 5$,

따라서 $\left(\dfrac{7}{2}, 5\right)$

07

좌표평면에서 다음 세 점 $A(5, 4)$, $B(3, -2)$, $C(1, 2)$를 꼭지점으로 하는 삼각형은 어떤 삼각형인가 ?

① $\angle C = 90°$인 직각이등변삼각형

② 정삼각형

③ $AB = AC$인 이등변삼각형

④ $AB = BC$인 이등변삼각형

정답 : ①

해설
$\overline{AB}^2 = (5-3)^2 + (4+2)^2 = 40$,
$\overline{BC}^2 = (3-1)^2 + (-2-2)^2 = 20$,
$\overline{CA}^2 = (5-1)^2 + (4-2)^2 = 20$
$\overline{BC}^2 = \overline{CA}^2$이면, $\overline{BC} = \overline{CA}$이므로
이등변삼각형 $\overline{AB}^2 = \overline{BC}^2 + \overline{CA}^2$
이면, $\angle C = 90°$인 직각삼각형
따라서, $\angle C = 90°$인 직각이등변삼각형

08

점 $(-1, 2)$를 지나고 기울기가 3인 직선의 방정식은?

① $y = 3x + 5$　　　② $y = 3x + 2$

③ $y = 3x - 1$　　　④ $y = 3x - 5$

정답 : ①

해설 : $y = 3(x - (-1)) + 2$,
$y = 3x + 5$

09

x 절편이 3, y 절편이 -4인 직선의 방정식을 구하면?

① $y = \dfrac{4}{3}x - 4$ ② $y = \dfrac{4}{3}x + 4$

③ $y = -\dfrac{4}{3}x - 4$ ④ $y = -\dfrac{4}{3}x + 4$

정답 : ①

해설 : $\dfrac{x}{3} + \dfrac{y}{-4} = 1$이므로, y에 대하여 정리하면, $y = \dfrac{4}{3}x - 4$

10

점 (3, 2)를 지나고, y축에 수직인 직선의 방정식은?

① $x = 3$ ② $y = 2$

③ $x = 2$ ④ $y = 3$

정답 : ②

해설 : y축에 수직인 직선은 일정한 y의 값을 가지므로 $y = 2$

11

점 (1, 2)를 지나고 직선 $x - 2y + 1 = 0$에 수직인 직선의 방정식을 구하면?

① $y = -2x - 4$ ② $y = 2x + 4$

③ $y = -\dfrac{1}{2}x + 4$ ④ $y = -2x + 4$

정답 : ④

해설 : $x - 2y + 1 = 0$를 y에 대하여 정리하면, $y = \dfrac{1}{2}x + \dfrac{1}{2}$이므로 기울기가 $\dfrac{1}{2}$이다. 이 직선에 수직인 직선의 기울기는 -2이다. 따라서 $y = -2(x-1) + 2$, $y = -2x + 4$

12

두 점 (3, 3), (−1, −5)를 지나는 직선의 방정식을 구하면?

① $y = 2x + 3$ ② $y = 2x - 3$

③ $y = -2x - 3$ ④ $y = -2x + 3$

정답 : ②

해설 : 두 점을 잇는 직선의 기울기는 $\dfrac{y\ 증가량}{x\ 증가량}$이므로 기울기를 구하면, $\dfrac{3 - (-5)}{3 - (-1)} = 2$ 따라서 구하는 직선의 방정식은 기울기가 2이고, 점 (3, 3)을 지나므로 $y = 2(x-3) + 3$, $y = 2x - 3$

정답과 해설

13

점 (5, 5)를 지나고 직선 $-3x + 2y = 0$과 평행한 직선의 방정식을 구하면?

① $y = \dfrac{3}{2}x + \dfrac{5}{2}$ ② $y = -\dfrac{3}{2}x - \dfrac{5}{2}$

③ $y = \dfrac{3}{2}x - \dfrac{5}{2}$ ④ $y = -\dfrac{3}{2}x + \dfrac{5}{2}$

정답 : ③

해설 : $-3x + 2y = 0$와 평행하려면 두 직선의 기울기가 같아야 하므로 기울기가 $\dfrac{3}{2}$이다. 따라서 기울기가 $\dfrac{3}{2}$이고, 점 (5, 5)를 지나는 직선의 방정식을 구하면 $y = \dfrac{3}{2}(x - 5) + 5$, $y = \dfrac{3}{2}x - \dfrac{5}{2}$

14

두 직선 $2x + y + 1 = 0$, $kx - 2y + 3 = 0$이 서로 수직일 때, 실수 k의 값을 구하면?

① -1 ② 0 ③ 1 ④ 2

정답 : ③

해설 : 서로 수직인 직선의 기울기의 곱은 -1이므로 두 직선의 방정식을 정리하면,
$y = -2x - 1$이므로
$y = \dfrac{k}{2}x + \dfrac{3}{2}$, $(-2) \cdot \dfrac{k}{2} = -1$
$\therefore k = 1$

15

점 $(-2, 5)$와 직선 $3x + 4y - 3 = 0$ 사이의 거리를 구하면?

① $\dfrac{11}{5}$ ② $\dfrac{12}{5}$ ③ $\dfrac{13}{5}$ ④ $\dfrac{14}{5}$

정답 : ①

해설 : 점과 직선 사이의 거리 공식에 대입하면,
$\dfrac{|3 \cdot (-2) + 4 \cdot 5 - 3|}{\sqrt{3^2 + 4^2}}$
$= \dfrac{|11|}{5} = \dfrac{11}{5}$

16

중심이 (2, 2)이고, 반지름의 길이가 $2\sqrt{2}$인 원의 방정식은?

① $(x - 2)^2 + (y - 2)^2 = 8$ ② $(x - 2)^2 + (y - 2)^2 = 2\sqrt{2}$

③ $(x + 2)^2 + (y + 2)^2 = 8$ ④ $(x + 2)^2 + (y + 2)^2 = 2\sqrt{2}$

정답 : ①

해설 : $(x - 2)^2 + (y - 2)^2$
$= (2\sqrt{2})^2$

17

$x^2 + y^2 + 6x = 0$에서 원의 중심과 반지름을 차례대로 구하면?

① $(-3, 0)$, 3

② $(3, 0)$, 3

③ $(-3, 0)$, 9

④ $(3, 0)$, 9

정답 : ①

해설 : 표준형으로 변형하면, $(x+3)^2 + y^2 = 9$

18

중심이 $(2, -3)$이고, x축에 접하는 원의 방정식은?

① $(x+2)^2 + (y-3)^2 = 9$

② $(x-2)^2 + (y-3)^2 = 9$

③ $(x-2)^2 + (y+3)^2 = -9$

④ $(x-2)^2 + (y+3)^2 = 9$

정답 : ④

해설 : x축에 접하는 원은 중심의 y좌표의 크기가 반지름이 되므로, $(x-2)^2 + (y+3)^2 = 3^2$

19

이차방정식 $x^2 + y^2 + 4x + 2y + k = 0$이 원을 나타내도록 k의 값의 범위를 구하면?

① $k > 0$

② $k < 5$

③ $k > -5$

④ $k > 5$

정답 : ②

해설 : 표준형으로 식을 변형하면, $(x+2)2 + (y+1)2 = -k+5$이다. 여기에서 우변은 반지름을 제곱한 수이므로 원이 되기 위해선 양수가 되어야 한다.
따라서 $-k+5 > 0$, ∴ $k < 5$

20

세 점 $(0, 0)$, $(1, 1)$, $(0, 2)$를 지나는 원의 방정식을 구하면?

① $x^2 + y^2 + 2x - 2y = 0$

② $x^2 + y^2 - 2y + 1 = 0$

③ $x^2 + y^2 - 2y = 0$

④ $x^2 + y^2 - 2x = 0$

정답 : ③

해설 : 세 점이 주어질 땐, 원의 방정식을 일반형으로 설정해야 미지수의 계산이 쉬워진다.
$x^2 + y^2 + ax + by + c = 0$에 주어진 세 점을 각각 대입하면,
$c = 0$, $1^2 + 1^2 + a + b + c = 0$,
$2^2 + 2b + c = 0$ $c = 0$의 값을 대입하면, 세 번째 식에서 $b = -2$, 다시 두 번째 식에 대입하면 $a = 0$이다.
따라서 구하는 원의 방정식은 $x^2 + y^2 - 2y = 0$

예·상·문·제

2009개정 고등학교 졸업학력 검정고시

21

두 점 $(-1, 1)$, $(3, -3)$를 지름의 양 끝으로 하는 원의 방정식을 구하면?

① $(x-1)^2 + (y+1)^2 = 8$

② $(x-1)^2 + (y-1)^2 = 8$

③ $(x+1)^2 + (y+1)^2 = 8$

④ $(x+1)^2 + (y-1)^2 = 8$

정답 : ①

해설 : 두 점의 중점이 원의 중심이 되므로 중점을 구하면, $x = \dfrac{-1+3}{2} = 1$, $y = \dfrac{1-3}{2} = -1$, $(1, -1)$

$(x-1)^2 + (y+1)^2 = r^2$에 $(-1, 1)$을 대입하면,

$(-1-1)^2 + (1+1)^2 = r^2$,

$\therefore r^2 = 8$ 따라서 구하는 원의 방정식은 $(x-1)^2 + (y+1)^2 = 8$

22

원의 방정식 $x^2 + y^2 - 4x + 8y - k = 0$이 원이 되는 k의 값의 범위를 구하면?

① $k > -10$

② $k > -20$

③ $k > -30$

④ $k > -40$

정답 : ②

해설 : 표준형으로 변형하면 $(x-2)^2 + (y+4)^2 = k+4+16$이므로 반지름의 제곱인 우변이 양수가 되도록 한다. $k+20 > 0$, $\therefore k > -20$

23

중심이 $(-2, 1)$이고 반지름의 길이가 1인 원의 방정식이 $x^2 + y^2 + ax + by + c = 0$일 때, $a+b+c$의 값을 구하면?

① 3

② 6

③ 9

④ 12

정답 : ②

해설 : $(x+2)^2 + (y-1)^2 = 1$이므로 전개하면 $x^2 + y^2 + 4x - 2y + 4 = 0$ 따라서 $a=4$, $b=-2$, $c=4$, $\therefore a+b+c = 6$

24

원 $x^2 + y^2 = 5$ 위의 점 $(2, -1)$에서의 접선의 방정식을 구하면?

① $y = -2x - 5$

② $y = 2x + 5$

③ $y = -2x + 5$

④ $y = 2x - 5$

정답 : ④

해설 : 원 $x^2 + y^2 = r^2$ 위의 한 점 $P(x_1, y_1)$에서의 접선의 방정식은 $x_1 x + y_1 y = r^2$이므로, $2x + (-1)y = 5$이므로 $y = 2x - 5$

정답과 해설

25

원 $x^2 + y^2 = 2$에 접하고, 기울기가 3인 접선의 방정식을 구하면?

① $y = 3x \pm 2\sqrt{10}$

② $y = 3x \pm \sqrt{10}$

③ $y = 3x \pm 4\sqrt{5}$

④ $y = 3x \pm 2\sqrt{5}$

정답 : ④

해설 : 원 $x^2 + y^2 = r^2$에 접하고, 기울기가 m인 접선의 방정식은 $y = mx \pm r\sqrt{1 + m^2}$ 이므로
$y = 3x \pm \sqrt{2}\sqrt{1 + 3^2}$
$= 3x \pm 2\sqrt{5}$

26

직선 $y = 2x + k$와 원 $x^2 + y^2 = 5$가 접하도록 하는 k의 값을 구하면?

① $k = 5$

② $k = -5$

③ $k = \pm 25$

④ $k = \pm 5$

정답 : ④

해설 : 직선의 $y = 2x + k$를 원의 식에 대입하면,
$x^2 + (2x + k)^2 = 5$,
$5x^2 + 4kx + k^2 - 5 = 0$
원과 직선이 접하면 구한 이차방정식이 중근을 갖는다.
따라서 $D = 0$이 되도록 한다.
$D/4 = (2k)^2 - 5 \cdot (k^2 - 5)$
$= 0, -k^2 + 25 = 0$,
$\therefore k = \pm 5$

27

원 $x^2 + y^2 = 4$ 위의 점 $(1, \sqrt{3})$에서의 접선의 방정식을 구하면?

① $x + \sqrt{3}\,y = 4$

② $\sqrt{3}\,x + \sqrt{3}\,y = 4$

③ $x - \sqrt{3}\,y = 4$

④ $\sqrt{3}\,x + y = 4$

정답 : ①

해설 : 원 $x^2 + y^2 = r^2$ 위의 한 점 $P(x_1, y_1)$에서의 접선의 방정식은 $x_1 x + y_1 y = r^2$이므로
$1 \cdot x + \sqrt{3}\,y = 4$

정답과 해설

28

직선 $x + 2y - 5 = 0$에 수직이고 원 $x^2 + y^2 = 9$에 접하는 직선의 방정식을 구하면?

① $y = \dfrac{1}{2}x \pm 3\sqrt{10}$

② $y = -\dfrac{1}{2}x \pm 3\sqrt{10}$

③ $y = 2x \pm 3\sqrt{5}$

④ $y = -2x \pm 3\sqrt{10}$

정답 : ③

해설 : 두 직선이 서로 수직이려면 기울기의 곱이 -1이다.

주어진 직선의 기울기는 $-\dfrac{1}{2}$이므로, 수직인 직선의 기울기는 2이다. 원 $x^2 + y^2 = r^2$에 접하고, 기울기가 m인 접선의 방정식은 $y = mx \pm r\sqrt{1 + m^2}$ 이므로
$y = 2x \pm 3\sqrt{1 + 2^2}$,
$y = 2x \pm 3\sqrt{5}$

29

그림과 같이 나타내어지는 원의 방정식은?

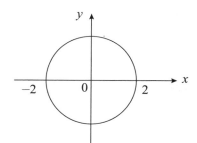

① $x^2 + y^2 = 2$

② $x^2 + y^2 = 4$

③ $x^2 + y^2 + 2 = 0$

④ $x^2 + y + 2 = 0$

정답 : ②

해설 : 중심이 원점이고, 반지름이 2인 원이므로 $x^2 + y^2 = 4$

30

원 $x^2 + y^2 = 5$에 접하고, $y = -2x + 1$에 평행인 접선은?

① $y = -2x \pm 2\sqrt{5}$

② $y = 2x \pm 2\sqrt{5}$

③ $y = -2x \pm 5$

④ $y = 2x \pm 5$

정답 : ③

해설 : 평행한 직선의 기울기는 서로 같으므로 구하려는 직선의 기울기는 -2이다. 원 $x^2 + y^2 = r^2$에 접하고, 기울기가 m인 접선의 방정식은
$y = mx \pm r\sqrt{1 + m^2}$ 이므로
$y = -2x \pm \sqrt{5}\sqrt{1 + (-2)^2}$
　$= -2x \pm 5$

정답과 해설

정답 : ①

해설 : (x, y)를 x축의 방향으로 3만큼, y축의 방향으로 2만큼 평행이동하면, $(x+3, y+2)$로 바뀌므로, $(4, 0)$

정답 : ④

해설 : 점의 평행이동은 부호그대로 적용하면 되므로, (x, y)를 x축의 방향으로 -2만큼, y축의 방향으로 3만큼 평행이동하면, $(x-2, y+3)$으로 바뀐다. w따라서 $(3, 0)$

정답 : ③

해설 : 도형의 평행이동은 부호가 반대로 적용되므로 x대신 $x-1$, y 대신 $y-3$을 대입하면, $(x-1)^2 + (y-3)^2 = 2$이다. 단, 평행이동이나 대칭이동한다고 원의 크기가 변하지 않으므로, 반지름은 그대로이다.

정답 : ①

해설 : 도형의 평행이동은 부호가 반대로 적용되므로 x대신 $x+1$, y대신 $y-2$을 대입하면, $2(x+1)-(y-2)+3=0$이므로 $2x-y+7=0$

31

평면 위의 점 $(1, -2)$을 x축의 방향으로 3만큼, y축의 방향으로 2만큼 평행이동한 점의 좌표를 구하면?

① $(4, 0)$ ② $(-4, 0)$

③ $(-2, -4)$ ④ $(4, -4)$

32

점 $A(5, -3)$을 x축의 방향으로 -2만큼, y축의 방향으로 3만큼 평행이동하여 얻은 점의 좌표는?

① $(7, 0)$ ② $(3, -6)$

③ $(7, -6)$ ④ $(3, 0)$

33

원 $x^2 + y^2 = 2$를 x축의 방향으로 1만큼, y축의 방향으로 3만큼 평행이동한 원의 방정식을 구하면?

① $(x+1)^2 + (y-3)^2 = 2$ ② $(x-1)^2 + (y+3)^2 = 2$

③ $(x-1)^2 + (y-3)^2 = 2$ ④ $(x+1)^2 + (y+3)^2 = 2$

34

직선 $2x - y + 3 = 0$을 x축의 방향으로 -1만큼, y축의 방향으로 2만큼 평행이동한 도형의 방정식을 구하면?

① $2x - y + 7 = 0$ ② $2x + y + 7 = 0$

③ $2x - y + 3 = 0$ ④ $2x - y - 3 = 0$

35

다음 그림에서 원 O'은 원 O를 x축의 방향으로 ☐만큼, y축의 방향으로 ☐만큼 평행이동하여 얻은 도형이므로 원 O' 방정식은

$(\boxed{})^2 + (\boxed{})^2 = 4$

빈 칸에 맞는 답을 구하시오.

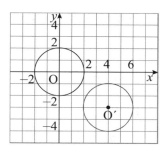

정답 : 4, −3, x−4, y+3

해설 : 원의 중심을 기준으로 보며 원 O의 중심은 (0, 0)이고, 원 O'의 중심은 (4, −3)이다. 점의 평행이동으로 보면 원 O'의 중심은 x축으로 4만큼, y축으로 −3만큼 평행이동한 것을 알 수 있다. 원의 방정식으로 쓸 경우 점의 평행이동과 달리 도형의 병행이동은 부호를 바꿔쓰므로 $f:(x, y) \rightarrow f(x−4, y+3)$이 된다. $x^2+y^2=4$에서 x자리에 $x−4$를 y자리에 $y+3$을 대입하여 $(x−4)^2+(y+3)^2−4$라고나 타낼 수 있다.

36

점 $P(4, -1)$를 x축에 대하여 대칭이동한 점을 구하면?

① $(-4, 1)$

② $(4, 1)$

③ $(-4, 1)$

④ $(-1, 4)$

정답 : ②

해설 : x 축에 대하여 대칭이동하면 y 좌표의 부호가 반대로 바뀌므로 (4, 1)가 된다.

37

점 $(4, -1)$을 원점에 대하여 대칭이동한 점의 좌표를 구하면?

① $(4, 1)$

② $(-4, 1)$

③ $(4, -1)$

④ $(-1, 4)$

정답 : ②

해설 : 원점에 대하여 대칭이동하면, x, y의 좌표의 부호가 모두 반대로 바뀌므로 $(-4, 1)$

정답과 해설

38

점 $P(a, b)$를 직선 $y = x$에 대칭이동한 점 Q의 좌표를 구하면?

① $(a, -b)$

② $(-a, b)$

③ (b, a)

④ $(-a, -b)$

정답 : ③

해설 : 직선 $y=x$에 대하여 대칭 이동하면 x, y의 좌표가 서로 바뀌므로 (b, a)이 된다.

39

점 $(1, 3)$을 다음에 대하여 대칭이동한 점의 좌표를 구하여라.

① x축

② y축

③ 원점

④ 직선 $y = x$

정답 : (1)(1, −3)
(2)(−1, 3)
(3)(−1, −3)
(4)(3, 1)

해설 : x축대칭은 y 좌표의 부호가 반대로, y축대칭은 x좌표의 부호가 반대로, 원점대칭은 x, y 좌표의 부호가 모두 반대로, x, y에 대한 대칭은 x, y 좌표가 서로 바뀐다.

40

도형 $(x-2)^2 + (y+3)^2 = 4$를 다음에 대하여 대칭이동한 도형의 방정식을 구하여라.

① x축

② y축

③ 원점

④ 직선 $y = x$

정답
$$\begin{cases} (1)(x-2)^2 + (y-3)^2 = 4 \\ (2)(x+2)^2 + (y+3)^2 = 4 \\ (3)(x+2)^2 + (y-3)^2 = 4 \\ (4)(x+3)^2 + (y-2)^2 = 4 \end{cases}$$

해설 : x 축대칭은 y 좌표의 부호가 반대로, y 축대칭은 x 좌표의 부호가 반대로, 원점대칭은 x, y 좌표의 부호가 모두 반대로, $y=x$에 대한 대칭은 x, y 좌표가 서로 바뀐다.

41

직선 $2x + y - 3 = 0$을 x축의 방향으로 2만큼, y축의 방향으로 k만큼 평행이동하면 직선 $2x + y + 1 = 0$이 된다. 이 때, k의 값을 구하면?

① -2 ② -4

③ -6 ④ -8

정답 : ④

해설 : 직선 $2x + y - 3 = 0$을 x축의 방향으로 2만큼, y축의 방향으로 k만큼 평행이동하면, x대신 $x - 2$, y대신 $y - k$를 대입한다. $2(x - 2) + (y - k) - 3 = 0$, $2x + y - k - 7 = 0$ 따라서 $-k - 7 = 1$이므로 $k = -8$

42

원 $x^2 + y^2 + 2y - 8 = 0$을 x축의 방향으로 a만큼, y축의 방향으로 b만큼 평행이동하면 원 $(x - 1)^2 + (y + 2)^2 = 9$와 겹쳐진다고 할 때, $a + b$의 값은?

① -1 ② 0

③ 1 ④ 2

정답 : ②

해설 : $x^2 + (y + 1)^2 = 9$에서 $(x - 1)^2 + (y + 2)^2 = 9$로 평행이동했으므로 원의 중심이 얼마나 이동했는지를 본다.
$(0, -1)$에서 $(1, -2)$로 이동했으므로 x축으로 1만큼, y축으로 -1만큼 평행이동했다. 따라서 $a = 1$, $b = -1$

43

다음 그림에서 색칠한 부분의 영역을 부등식으로 나타내어라. (단, 경계선은 포함한다.)

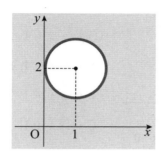

정답 : $(x - 1)^2 + (y - 2)^2 \geq 1$

해설 : 중심이 $(1, 2)$이고, y축에 접하므로 반지름은 1이다.
따라서 원의 방정식은 $(x - 1)^2 + (y - 2)^2 = 1$이다. 색칠한 부분이 원의 외부이므로 반지름의 제곱보다 크게된다.
∴ $(x - 1)^2 + (y - 2)^2 \geq 1$

정답과 해설

44

다음 연립부등식의 영역을 그래프로 바르게 나타낸 것은?

$$\begin{cases} x - y \geqq 0 \\ x + y \geqq 0 \end{cases}$$

①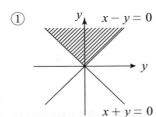

②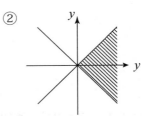

③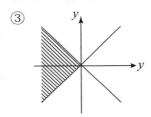

④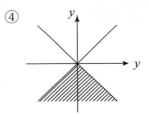

정답 : ②

해설 : 위의 식은 $y \leqq x$이므로 직선의 아래쪽, 아래의 식은 $y \geqq -x$이므로 직선의 위쪽이다. 따라서 두 영역이 겹치는 부분을 찾으면 된다.

45

다음 그림의 색칠된 부분을 연립부등식으로 나타내면?

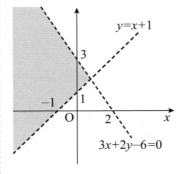

① $y > x + 1,\ 3x + 2y - 6 < 0$

② $y < x + 1,\ 3x + 2y - 6 > 0$

③ $y < x + 1,\ 3x + 2y - 6 < 0$

④ $y > x + 1,\ \ 3x + 2y - 6 > 0$

정답 : ①

해설 : $y = x + 1$의 위쪽, $3x + 2y - 6 = 0$의 아래쪽이므로, $y > x + 1$, $3x + 2y - 6 < 0$

Ⅱ 수학 2

새로워진 2009개정 검정고시

검단기

검단기가 여러분의 합격을 응원합니다

1. 집합과 명제

01 집합

(1) 집합과 포함관계

① 집합과 원소

- 집합 : 어떤 조건에 의하여 그 대상을 분명히 알 수 있는 것들의 모임

- 원소 : 집합을 이루는 대상 하나하나

- 집합과 원소의 관계
  - [원소] $\in$ [집합] : 속한다.
  - [원소] $\notin$ [집합] : 속하지 않는다.

② 집합의 표현

- 원소나열법 : { } 안에 원소들을 나열

  예 $\{ 2, 3, 5, 7 \}$

- 조건제시법 : $\{ x \mid x \}$ 의 조건으로 표현

  예 $\{ x \mid x$는 10의 소수 $\}$

- 벤다이어그램 : $A = \{ 2, 3, 5, 7 \}$, $B = \{ 5, 6, 7, 8 \}$

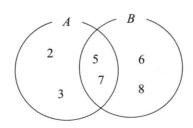

③ 집합의 종류와 원소의 개수

• 집합의 종류

　　㉠ 유한집합 : 원소의 개수가 정해진 집합

　　　　　예 $\{\, a,\ b,\ c\,\}$

　　㉡ 무한집합 : 원소의 개수가 무수히 많은 집합

　　　　　예 $\{\, 1,\ 2,\ 3,\ 4,\ \cdots \,\}$

　　㉢ 공집합($\varnothing$) : 원소가 하나도 없는 집합

　　※ 유한집합

• $n(A)$: 집합 A의 원소의 개수

④ 부분집합

• A는 B의 부분집합 $(A \subset B)$: 집합 A의 모든 원소가 집합 B의 원소일 때 A를 B의 부분집합이라 한다$(A \subset B \Leftrightarrow x \in A$이면 $x \in B)$.

• A와 B는 서로 같다$(A = B)$: 두 집합 A, B에서 $A \subset B$이고 $B \subset A$일 때

• 공집합은 모든 집합의 부분집합이다$(\varnothing \subset A)$.

• 자신의 집합은 자기자신의 부분집합이다$(A \subset A)$.

• 부분집합의 개수 : 유한집합 A가 n개의 원소를 가질 때

　　㉠ A의 부분집합의 개수 : 2^n개

　　㉡ A의 진부분집합의 개수 : $(2^n - 1)$개

　　㉢ 특정한 m개의 원소를 반드시 포함하는 A의 부분집합의 개수 : 2^{n-m}개

　　㉣ 특정한 l개의 원소를 포함하지 않는 A이 부분집합의 개수 : 2^{n-l}개

　　　　예 $A = \{\, 1,\ 2,\ 3,\ 4\,\}$에서

　　　　㉠ A의 모든 부분집합의 개수는 2^4

　　　　㉡ 1을 반드시 포함하는 부분집합의 개수는 $2^{4-1} = 2^3 = 8$

　　　　㉢ 2, 3을 포함하지 않는 부분집합의 개수는 $2^{4-2} = 2^2 = 4$

01. $A = \{\,x\,|\,x$ 는 10의 약수 $\}$ 에 관하여 다음 문제를 풀어봅시다.

① A의 부분집합의 개수

② A의 진부분집합의 개수

③ 5를 반드시 포함하는 부분집합의 개수

④ 5를 포함하지 않는 부분집합의 개수

02. $A = \{\ a,\ b,\ c,\ d,\ e\ \}$ 일 때, $\in$, $\ni$, $\supset$, $\subset$ 의 기호를 나타내 보자.

① $c\ \square\ A$

② $\{b,\ c\}\ \square\ A$

③ $\{a,\ b,\ c,\ d,\ e\ \}\ \square\ A$

④ $A\ \square\ \phi$

(2) 집합의 연산

① A와 B의 교집합 : $A \cap B = \{ x \mid x \in A$이고 $x \in B \}$

집합 A와 집합 B 모두에 속해 있는 원소들을 모아놓은 집합을 A와 B의 교집합이라 하고, $A \cap B$로 나타낸다.

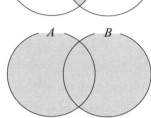

② A와 B의 합집합 : $A \cup B = \{ x \mid x \in A$ 또는 $x \in B \}$

집합 A와 집합 B 중 적어도 한 집합에 속해 있는 원소들을 모아놓은 집합을 A와 B의 합집합이라 하고 $A \cup B$로 나타낸다.

※ $A \cup \phi = A$, $A \cap \phi = \phi$, $A \cup U = U$, $A \cap U = A$

③ A의 여집합 : $A^c = \{ x \mid x \in U$이고 $x \notin A \}$

전체집합 U의 부분집합 A에 대하여 U에 대한 A의 차집합, 즉 $U - A$를 집합 A의 여집합이라 하고 A^c로 나타낸다.

※ 여집합의 성질 : $A \cup A^c = U$, $A \cap A^c = \phi$, $U^c = \phi$, $\phi^c = U$, $(A^c)^c = A$

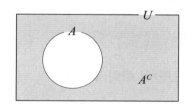

④ A와 B의 차집합 : $A - B = \{ x \mid x \in A$이고 $x \notin B \}$

집합 A에는 속해 있지만, 집합 B에는 속해 있지 않은 원소들의 집합을 집합 A에 대한 집합 B의 차집합이라 하고, $A - B$로 나타낸다.

$$\bullet \begin{cases} A - B = A \cap B^c = A - (A \cap B) \\ U - A = A^c \end{cases}$$

$A = \{a,\ b,\ c,\ d\}$, $B = \{c,\ d,\ e,\ f\}$일 때 $A - B$를 구하여라.

⑤ 집합의 연산 법칙 : 전체집합 U의 두 부분집합 A, B에 대하여

• 분배법칙 : $A \cup (B \cap C) = (A \cup B) \cap (A \cup C)$

             $A \cap (B \cup C) = (A \cap B) \cup (A \cap C)$

• 드모르간의 법칙 : $(A \cup B)^c = A^c \cap B^c$

                   $(A \cap B)^c = A^c \cup B^c$

• 흡수법칙 : $A \cup (A \cap B) = A$

           $A \cap (A \cup B) = A$

$(A^c \cap B)^c \cap B$를 간단히 하여라.

⑥ 두 집합의 포함 관계 : 전체집합 U의 두 부분집합 A, B에 대하여 $A \subset B$일 때 다음 이 성립

• $A \cap B = A$, $A \cup B = B$

• $A - B = \varnothing$

• $B^c \subset A^c$

⑦ 유한집합의 원소의 개수

• 두 개의 합집합의 원소의 개수

㉠ 집합 A의 원소의 개수는 기호 $n(A)$로 나타낸다. 또한, $n(A^c) = n(U) - n(A)$ 로 나타낸다.

㉡ 합집합과 교집합 사이의 원소의 개수에 대한 공식

ⓐ $n(A \cup B) = n(A) + n(B) - n(A \cap B)$

ⓑ $n(A - B) = n(A) - n(A \cap B)$

ⓒ $A \cap B = \varnothing$일 때, $n(A \cup B) = n(A) + n(B)$

• 세 개의 합집합의 원소의 개수 : 세 집합의 합집합의 원소의 개수 사이에는 다음 과 같은 공식이 성립한다.

$$n(A \cup B \cup C) = n(A) + n(B) + n(C) - n(A \cap B) - n(B \cap C) - n(C \cap A) + n(A \cap B \cap C)$$

※ 위 공식을 벤다이어그램을 이용하여 살펴보면 다음과 같다.

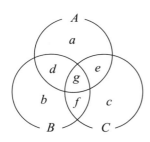

(좌변) $= a + b + c + d + e + f + g$

(우변) $= (a + d + e + g) + (b + d + f + g) +$
$\qquad (c + e + f + g) - (d + g) - (f + g) - (e + g) + g$
$\qquad = a + b + c + d + e + f + g$

∴ (좌변) = (우변)

⊙ 연습문제 ⊙

01. $A = \{ a, b, c, d \}$, $B = \{ b, c, d, e \}$, $C = \{ d, e, f, g \}$ 에 대하여 $n(A \cup (B \cap C))$은?

02. 전체집합 U의 부분집합 A, B에 대하여 $A = \{1, 2, 3, 4, 5\}$, $B = \{4, 5, 6, 7\}$, $A \cup B = U$이다. $A - B = C$라고 할 때 $n(A \cup C)^c$은?

⊙ 연습문제 ⊙

전체집합 U의 세 부분집합 A, B, C에 대하여 $n(A \cup B \cup C) = 30$, $n(A) = 25$, $n(B) = 20$, $n(C) = 15$, $n(A \cap B) = 15$, $n(B \cap C) = 10$, $n(A \cap C) = 10$일 때 $n(A \cap B \cap C)$의 값은?

02 명제

(1) 명제와 집합

① 명제

- 문장 또는 식 중에서 참, 거짓 중 어느 하나로만 분명하게 판별할 수 있는 것을 **명제**라 한다.

  > **예** '내일은 날씨가 좋다'에서 내일은 날씨가 좋을 수도 있고, 나쁠 수도 있기 때문에 명제가 아니다. 그러나 9는 4보다 작다'에서는 거짓이 분명하므로 명제이다.

- 명제를 나타낼 때는 보통 영문자의 소문자 p, q, r, …로 나타낸다.

⊙ 연습문제 ⊙

다음 중 명제가 <u>아닌</u> 것은?

① 모든 사람은 언젠가는 죽는다.

② 2와 7은 서로소이다.

③ 2 + 2 = 2이다.

④ 꽃은 아름답다.

⑤ 지구는 자전한다.

---

② 명제의 부정

- 명제 p에 대하여 'p는 아니다'라는 명제를 p의 부정이라 한다. 이것을 기호로는 $\sim p$로 나타낸다.

- 명제 p의 부정 $\sim p$는 p가 참일 때 거짓, 거짓일 때 참인 것으로 정한다.

- '$\sim$인 실수가 있다'의 부정은 '모든 실수는 $\sim$가 아니다'이다. 즉, '$x^2 = -1$인 실수가 있다'의 부정은 '모든 실수 x에 대하여 $x^2 \neq -1$이다.'이다.

- 부등식으로 표현된 명제의 부정은 수직선을그려 여집합으로 찾는다.

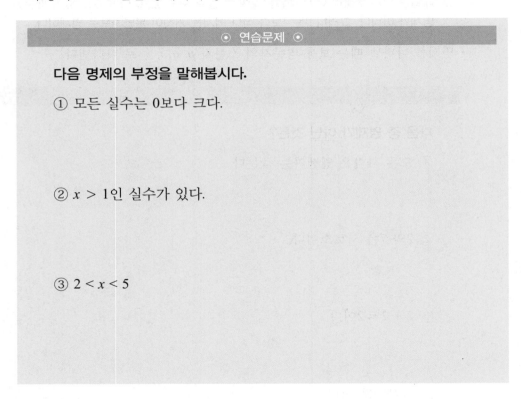

⊙ 연습문제 ⊙

다음 명제의 부정을 말해봅시다.

① 모든 실수는 0보다 크다.

② $x > 1$인 실수가 있다.

③ $2 < x < 5$

③ 조건과 진리집합

- 조건 : 집합 U의 원소 x를 포함하는 식이나 문장 $p(x)$가 U의 모든 원소에 대해 참·거짓을 판단할 수 있을 때 $p(x)$를 집합 U에서의 조건이라 한다.

- 진리집합 : 집합 U에서의 조건 $p(x)$를 참으로 하는 원소 x의 집합을 조건 $p(x)$의 진리집합이라고 한다.

  예 $U = 1, 2, 3 \cdots, 10$에서 조건 $p(x) : x$는 소수이다 $\rightarrow p(x)$의 진리집합은 $P = \{\ 2,\ 3,\ 5,\ 7\ \}$

④ 명제와 진리집합 : 두 조건 p, q를 만족하는 집합을 각각 P, Q라 할 때

⌈ 명제 $p \rightarrow q$가 참이면 $P \subset Q$
⌊ $P \subset Q$이면 명제 $p \rightarrow q$는 참

⊙ 연습문제 ⊙

01. 두 조건 p, q에 대하여 명제 $p \rightarrow q$가 성립한다고 한다. 두 조건 p, q를 만족하는 집합을 각각 P, Q라고 하자.
$P = \{ 1, 2, 4 \}$, $Q = \{ 1, 2, a+1, 5 \}$ 이다. a의 값은?

02. $P = \{ x \mid 2 < x < 6 \}$와 $Q = \{ x \mid x > 1 \}$의 포함관계를 통해 $p \rightarrow q$와 $q \rightarrow p$ 중 참인 명제를 골라보자.

---

⑤ 명제와 명제의 부정

명 제	명제의 진리집합	명제의 부정	부정의 진리집합
p	P	$\sim p$	P^C
q	Q	$\sim q$	Q^C
p 또는 q	$P \cup Q$	$\sim (p$ 또는 $q) = \sim p$이고 $\sim q$	$P^C \cap Q^C$
p 이고 q	$P \cap Q$	$\sim (p$ 이고 $q) = \sim p$ 또는 $\sim q$	$P^C \cup Q^C$

(2) 명제의 역 · 대우

① 명제와 역 · 대우

- 명제 : $p \rightarrow q$ (p이면 q이다)

- 역 : $q \rightarrow p \Rightarrow$ 바꾼다.

- 대우 : $\sim q \rightarrow \sim p \Rightarrow$ 바꾸고 부정한다.

② 명제 $p \rightarrow q$가 참이면 그 대우 $\sim p \rightarrow \sim q$도 반드시 참이다 : 그러나 $p \rightarrow q$가 참일 때 역 $q \rightarrow p$는 반드시 참은 아니다. [주어진 명제와 대우는 항상 참 · 거짓이 같다]

⊙ 연습문제 ⊙

x, y가 실수일 때, 다음 명제들 중 대우는 참이고 역은 거짓인 명제를 있는 대로 골라봅시다.

① $x^2 > 1$이면 $x > 1$이다.

② x가 양수이면 x^2도 양수이다.

③ $x - y = 2$이면 $x = 3$, $y = 1$이다.

---

(3) 필요조건과 충분조건

① 명제 $p \rightarrow q$가 참이면 $p \Rightarrow q$로 쓴다.

② $p \Rightarrow q$이고 $q \Rightarrow p$일 때 p와 q는 동치이며 $p \Leftrightarrow q$로 나타낸다.

③ 조건 p, q의 진리집합을 각각 P, Q라 할 때

- $P \subset Q$: p는 q이기 위한 충분조건 $(p \Rightarrow q)$
- $P \supset Q$: p는 q이기 위한 필요조건 $(p \Leftarrow q)$
- $P = Q$: p는 q이기 위한 필요충분조건 $(p \Leftrightarrow q)$

⊙ 연습문제 ⊙

조건 p는 조건 q이기 위한 어떤 조건인지 구해봅시다.

① $p : x > 3,\ q : x > 4$

② $p : x = 0,\ y = 0,\ q : xy = 0$

03 절대부등식

변수가 부등식에 포함된 어떤 한정된 범위의 값에 대해서만 성립하는 부등식을 조건부등식이라고 하고, 변수가 모든 실수값에 대하여 항상 성립하는 부등식을 절대부등식이라 한다.

(1) 기본적인 절대부등식

① $a^2 \pm ab + b^2 \geqq 0$(단, 등호는 $a = b = 0$일 때 성립)

② $a^2 + b^2 + c^2 - ab - bc - ca \geqq 0$(단, 등호는 $a = b = c$일 때 성립)

③ $|a| - |b| \leqq |a + b| \leqq |a| + |b|$

⊙ 연습문제 ⊙

01. $x^2 + 2xy + 2y^2 \geqq 0$을 증명해 보자. **(x, y가 실수)**

02. $a^2 + b^2 + c^2 - ab - bc - ca \geqq 0$을 증명해 보자. **($a$, b, c가 실수)**

03. 다음 각 부등식을 증명하여라.

① $\sqrt{a + b} > \sqrt{a} - \sqrt{b}$ (단, $a > b > 0$이다.)

---

② $|a| + |b| \geqq |a + b|$ (단, a, b는 실수이다.)

(2) 산술평균 · 기하평균 · 조화평균(a, b, c가 모두 양수일 때)

① $\dfrac{a+b}{2} \geqq \sqrt{ab} \geqq \dfrac{2ab}{a+b}$ (단, 등호는 $a = b$일 때 성립)

② $\dfrac{a+b+c}{3} > \sqrt[3]{abc}$ (단, 등호는 $a = b = c$일 때 성립)

◉ 연습문제 ◉

01. $x > 0$일 때, $x + \dfrac{1}{x}$의 최솟값을 구하여라.

02. $a > 0$, $b > 0$일 때, $\left(a + \dfrac{1}{b}\right)\left(b + \dfrac{4}{a}\right)$의 최솟값을 구하여라.

(3) 코시 – 슈바르츠(Cauchy – Schwarz)부등식($a,\ b,\ c,\ x,\ y,\ z$가 실수일 때)

① $(a^2 + b^2)(x^2 + y^2) \geqq (ax + by)^2$

(단, 등호는 $a : x = b : y$일 때 성립)

② $(a^2 + b^2 + c^2)(x^2 + y^2 + z^2) \geqq (ax + by + cz)^2$

(단, 등호는 $a : b : c = x : y : z$일 때 성립)

⊙ 연습문제 ⊙

01. x, y가 실수이고 $x^2 + y^2 = 2$일 때, $3x + y$의 최댓값과 최솟값을 구하여라.

02. x, y가 실수이고 $4x + 3y = 25$일 때, $x^2 + y^2$의 최솟값을 구하여라.

01

집합 $A = \{ 1, 2, 3, 4 \}$, $B = \{ 3, 4, 5, 6 \}$일 때, 집합 $A \cap B$의 원소의 개수는?

① 2개   ② 3개   ③ 4개   ④ 5개

정답 : ①

해설 : $A \cap B = \{3, 4\}$

02

두 집합 $A = \{ 2, 4, 6, 8 \}$, $B = \{ 1, 2, 3, 4, 5 \}$일 때, $A \cap B$를 구하면?

① $\{ 6, 8 \}$ ② $\{ 2, 4 \}$

③ $\{ 1, 2, 3, 4, 5, 6, 8 \}$ ④ $\{ 1, 3, 5 \}$

정답 : ②

해설 : $A \cap B$는 집합 A의 원소 중 집합 B에도 속하는 원소들의 모임이다.

03

두 집합 $A = \{ a, b, c \}$, $B = \{ c, d, e \}$에 대하여 집합 $A \cup B$를 구하면?

① $\{ a \}$ ② $\{ a, b, c \}$

③ $\{ a, b, c, d \}$ ④ $\{ a, b, c, d, e \}$

정답 : ④

해설 : $A \cup B$는 집합 A와 집합 B 중 적어도 한 집합에 속해 있는 원소들을 모아놓은 집합을 말한다. 그러므로 $A \cup B = \{a, b, c, d, e\}$이다.

04

두 집합 $A = \{ 2, 4, 6, 8 \}$, $B = \{ 1, 2, 3, 4, 5 \}$일 때, $A \cup B$를 구하면?

① $\{ 6, 8 \}$ ② $\{ 2, 4 \}$

③ $\{ 1, 2, 3, 4, 5, 6, 8 \}$ ④ $\{ 1, 3, 5 \}$

정답 : ③

해설 : $A \cup B$는 집합 A의 원소와 집합 B의 원소를 함께 모아놓은 집합이다.

05

집합 $A = \{1, 3, 4, 5\}$, $B = \{2, 4, 6\}$에 대하여 $A \cup B$의 원소 개수는?

① 3개   ② 4개   ③ 5개   ④ 6개

정답 : ④

해설 : $A \cup B = \{1, 2, 3, 4, 5, 6\}$

06

명제 '$a^2 + b^2 = 0$이면 $a = 0$이고 $b = 0$이다.'의 역은?

① $a^2 + b^2 = 0$이면 $a = 0$이고 $b = 0$이다.

② $a^2 + b^2 \neq 0$이면 $a = 0$이고 $b = 0$이다.

③ $a = 0$이고 $b = 0$이면 $a^2 + b^2 = 0$이다.

④ $a \neq 0$이고 $b \neq 0$이면 $a^2 + b^2 = 0$이다.

정답 : ③

해설 : $p \to q$를 $q \to p$로 고치는 것 '$a^2 + b^2 = 0$이면 $a = 0$이고 $b = 0$이다.'에서 p는 '$a^2 + b^2 = 0$'이고, q는 '$a = 0$이고 $b = 0$이다.'이므로 그 역은 ③ '$a = 0$이고 $b = 0$이면 $a^2 + b^2 = 0$이다.'가 된다.

07

명제 '$x = 2$이면 $x^2 = 4$이다.'의 대우는?

① $x^2 = 4$이면 $x = 2$이다.   ② $x \neq 2$이면 $x^2 \neq 4$이다.

③ $x^2 \neq 4$이면 $x \neq 2$이다.   ④ $x = 2$이면 $x^2 \neq 4$이다.

정답 : ③

해설 : 명제 'p이면 q이다.'의 대우명제는 '$\sim q$이면 $\sim p$이다.'가 된다. 그리고 $=$의 부정은 $\neq$이다.

08

$x^2 = 4$은 $x = 2$이기 위한 조건은 무슨 조건인가?

① 충분조건   ② 필요조건

③ 필요충분조건   ④ 아무 조건도 아님

정답 : ②

해설 : $x^2 = 4$를 만족하는 x의 값은 $+2$, -2이다. 따라서 $x^2 = 4$가 $x = 2$가 되기 위한 조건은 필요조건이다.

09

명제 $q \to p$가 참일 때, 항상 참인 명제는?

① $p \to q$ ② $p \to \sim q$

③ $q \to \sim p$ ④ $\sim p \to \sim q$

정답 : ④

해설 : 대우를 찾는다.

10

양수 a에 대하여 $a + \dfrac{9}{a}$의 최솟값을 구하면?

① 3   ② 6

③ 9   ④ 12

정답 : ②

해설 : 산술기하평균에 의하여
$a + \dfrac{9}{a} \geqq 2\sqrt{a \cdot \dfrac{9}{a}}$, $a + \dfrac{9}{a} \geqq 2 \cdot 3$
이므로 최솟값은 6

11

$a > 0$, $b > 0$일 때, $\left(a + \dfrac{1}{b}\right)\left(b + \dfrac{4}{a}\right)$의 최솟값은?

① 3   ② 6

③ 9   ④ 12

정답 : ③

해설 : 주어진 식을 전개하면
$ab + 4 + 1 + \dfrac{4}{ab} = ab + \dfrac{4}{ab} + 5$
산술기하평균에 의하여
$ab + \dfrac{4}{ab} + 5 \geqq 2\sqrt{ab \cdot \dfrac{4}{ab}} + 5$
$= 9$이므로 최솟값은 9

주의 주어진 식을 반드시 전개한 후 산술기하평균을 적용한다.

정답과 해설

01

다음 중 집합인 것을 고르면?

　㉠ 10의 배수들의 모임
　㉡ 머리카락이 짧은 사람들의 모임
　㉢ 20이하의 소수들의 모임
　㉣ 잘 생긴 여학생들의 모임

① ㉠, ㉡ 　　　　　　　　　② ㉠, ㉢

③ ㉡, ㉣ 　　　　　　　　　④ ㉢, ㉣

정답 : ②

해설 : 집합
기준이 명확하여 그 대상을 분명히 알 수 있는 모임

02

다음 중 유한집합인 것은?

① $A = \{\, 2,\ 4,\ 6,\ 8,\ \cdots \,\}$

② $B = \{\, x \mid x \text{ 는 소수} \,\}$

③ $C = \{\, -1,\ -3,\ -5,\ \cdots \,\}$

④ $D = \{\, 10,\ 20,\ 30,\ \cdots,\ 100억 \,\}$

정답 : ④

해설 : 유한집합
원소의 개수가 유한개인 집합

03

집합 $A = \{\, 1,\ 2,\ 3 \,\}$ 에 대하여 다음 중 옳지 <u>않은</u> 것은?

① $\varnothing \subset A$

② $\{\, 1,\ 2 \,\} \subset A$

③ $\{\, 3 \,\} \in A$

④ $\{\, 2,\ 3 \,\} \subset A$

정답 : ③

해설 : $\{3\} \in A$가 만족하려면 집합 A에 $\{3\}$이 원소로 있어야 한다. 즉, $A=\{1,2,\{3\}\}$이면 3번의 보기가 맞게 된다. 3번의 보기가 맞기 위해서는 $\in$이 $\subset$으로 바뀌어야 한다.

04

두 집합 $A = \{1, 2\}$, $B = \{1, 3\}$일 때, 다음 중 옳은 것을 모두 고른 것은? (단, $\emptyset$는 공집합이다.)

ㄱ. $A \subset B$ ㄴ. $A \neq B$ ㄷ. $B \subset A$ ㄹ. $\emptyset \subset A$

① ㄱ, ㄴ   ② ㄴ, ㄷ

③ ㄴ, ㄹ   ④ ㄱ, ㄹ

정답 : ③

해설 : ㄴ 집합 A와 집합 B의 원소가 같지 않다.
ㄹ 공집합은 모든 집합의 부분집합이다.

05

두 집합 $A = \{a, b, c\}$, $B = \{a, c, e\}$에 대하여 집합 $A \cap B$를 구하면?

① $\{a\}$ ② $\{b\}$

③ $\{a, c\}$ ④ $\{b, c\}$

정답 : ③

해설 : 집합 A의 원소 중 집합 B에도 속하는 원소는 a, c이다.

06

두 집합 $A = \{2, 4, 6, 8, 10, \cdots\}$, $B = \{x \mid x$는 소수$\}$일 때 $A \cap B$를 구하면?

① $\{2\}$ ② $\{4\}$

③ $\{1, 2\}$ ④ $\{2, 4\}$

정답 : ①

해설 : $A \cap B$의 원소는 짝수이면서 소수여야 한다. 즉, 2만을 원소로 갖는 집합이다.

07

$n(A) = 15$, $n(B) = 8$, $A \cap B = \emptyset$일 때 $n(A \cup B)$는?

① 23   ② 24

③ 25   ④ 26

정답 : ①

해설 : $n(A \cup B)$
$= n(A) + n(B) - n(A \cap B)$

08

전체집합 $U = \{ x \mid x$는 10이하의 자연수 $\}$ 의 부분집합 $A = \{$ 2, 4, 6, 8, 10 $\}$ 에 대하여 A^c를 구하면?

① $\{$ 1, 3, 5, 7, 9 $\}$ ② $\{$ 2, 4, 6, 8, 10 $\}$

③ $\{$ 1, 2, 3, 4, 5 $\}$ ④ $\{$ 6, 7, 8, 9, 10 $\}$

정답 : ①

해설 : $A^c = U - A$

09

집합 $A = \{$ 1, 2, 3 $\}$, $B = \{$ 3, 4, 5 $\}$에 대하여 벤 다이어그램의 어두운 부분을 나타낸 집합은?

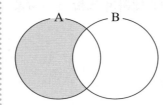

① $\{$ 1, 2 $\}$

② $\{$ 1, 3 $\}$

③ $\{$ 1, 2 , 3 $\}$

④ $\{$ 3 $\}$

정답 : ①

해설 : 벤 다이어의 그램은 $A - B$를 나타낸다.

10

두 집합 $A = \{$ 1, 2, 3, 4, 5 $\}$, $B = \{$ 1, 3, 5 $\}$에 대하여 집합 $A - B$를 구하면?

① $\{$ 1, 2 $\}$ ② $\{$ 2, 4 $\}$ ③ $\{$ 2, 3 $\}$ ④ $\{$ 4, 5 $\}$

정답 : ②

해설 : 집합 A의 원소 중에서 집합 B에 속하지 않는 원소는 2, 4이다.

11

$n(A) = 5$, $n(B) = 4$, $n(A \cup B) = 6$일 때 $n(A \cap B)$를 구하면?

① 2   ② 3

③ 4   ④ 5

정답 : ②

해설 : $n(A \cup B)$
$= n(A) + n(B) - n(A \cap B)$

12

집합 $A = \{1, 2, 5, 10\}$, $B = \{x \mid x$는 10이하의 소수$\}$ 일 때, $n(A) - n(B)$의 값을 구하면?

① 0   ② 1   ③ 2   ④ 3

정답 : ①

해설 : $n(A) = 4$, $n(B) = 4$

13

다음 중 공집합인 것은?

① $A = \{x \mid x$는 0과 1 사이의 수$\}$

② $B = \{x \mid x$는 짝수인 소수$\}$

③ $C = \{x \mid x$는 1보다 작은 자연수$\}$

④ $D = \{x \mid x$는 $2 < x < 4$인 홀수$\}$

정답 : ③

해설

① 0과 1 사이의 수는 $\frac{1}{2}$, 0.3등 많은 수가 있다.

② 짝수이면서 동시에 소수인 수는 2하나 뿐이다.

③ 1이 가장 작은 자연수이다.

④ 2보다 크면서 4보다 작은 홀수는 3이다.

14

두 집합 $A = \{x \mid x$는 5 이하의 자연수$\}$, $B = \{x \mid x$는 10 이하의 소수$\}$ 일 때, $A \cup B$를 구하면?

① $\{1, 2, 3, 4, 5\}$ ② $\{2, 3, 5, 7\}$

③ $\{2, 3, 5\}$ ④ $\{1, 2, 3, 4, 5, 7\}$

정답 : ④

해설 : 집합 $A \cup B$는 집합 A의 원소와 집합 B의 원소를 함께 모아놓은 집합이다.

15

두 집합 $A = \{a, b, c, d, e\}$, $B = \{b, d, f\}$ 에 대하여 집합 $A - B$를 구하면?

① $\{c\}$ ② $\{a, b\}$

③ $\{c, e\}$ ④ $\{a, c, e\}$

정답 : ④

해설 : A의 원소 중에서 B에 있는 원소를 빼는 것이다. 따라서 $\{a, b, c, d, e\}$에서 $\{b, d, f\}$의 원소를 제외하므로 남는 것은 $\{a, c, e\}$이다.

수학　　01. 집합과 명제

16

다음 중 명제인 것은?

① $2 + 3 = 7$ 　　　　② $x + 3 = 5$

③ $2a + b$ 　　　　　④ 김태희는 아름답다.

정답 : ①

해설 : 명제란 참인지 거짓인지를 명확히 판단할 수 있는 문장이나 식이다.

17

다음 중 참인 명제는?

① $\sqrt{2}$ 는 유리수이다.

② $x^2 = -1$을 만족하는 실수는 하나있다.

③ 10은 21의 약수이다.

④ 삼각형의 세 내각의 크기의 합은 180°이다.

정답 : ④

해설 : ① $\sqrt{2}$ 는 무리수이다.
② $x^2 = -1$를 만족하는 x값은 $i = \sqrt{-1}$ 로 허수이다.
③ 21의 약수는 1, 3, 7, 21이다.

18

명제 '$x = 1$이면 $x^2 = 1$이다.'의 역은?

① $x = 1$이면 $x^2 \neq 1$이다. 　　② $x \neq 1$이면 $x^2 \neq 1$이다.

③ $x^2 = 1$이면 $x = 1$이다. 　　④ $x^2 \neq 1$이면 $x \neq 1$이다.

정답 : ③

해설 : 명제 $p \to q$의 역은 $q \to p$이다.

19

명제 '$x > 1$이면 $x^2 > 1$이다.'의 대우는?

① $x^2 > 1$이면 $x > 1$이다. 　　② $x \leq 1$이면 $x^2 \leq 1$이다.

③ $x^2 \leq 1$이면 $x \leq 1$이다. 　　④ $x > 1$이면 $x^2 \leq 1$이다.

정답 : ③

해설 : $>$의 부정은 $\leq$이고, 명제 $p \to q$의 대우는 $\sim q \to \sim p$이다.

20

명제 $p \rightarrow q$이 참일 때, 항상 참인 명제는?

① $\sim p \rightarrow \sim q$ ② $q \rightarrow p$

③ $p \rightarrow \sim q$ ④ $\sim q \rightarrow \sim p$

정답 : ④

해설 : 대우관계의 명제는 같은 진릿값을 갖는다.

21

두 조건 p, q가 다음과 같을 때 참인 것은?

$$p : 10의 약수, \; q : 5의 약수$$

① $q \rightarrow p$ ② $p \rightarrow q$

③ $\sim q \rightarrow \sim p$ ④ $p \rightarrow \sim q$

정답 : ①

해설 : 5의 약수 : 1, 5
10의 약수 : 1, 2, 5, 10

22

$p \rightarrow q$ 와 $q \rightarrow r$이 모두 참일 때 다음 중 항상 참인 것은?

① $p \rightarrow r$ ② $p \rightarrow \sim r$

③ $r \rightarrow q$ ④ $r \rightarrow p$

정답 : ①

해설 : 조건 p, q, r에 해당하는 진리집합을 P, Q, R이라고 하면 $p \rightarrow q$, $q \rightarrow r$는 각각 $P \subset Q$, $Q \subset R$이다. 따라서 $P \subset R$이 되고 이는 $p \Rightarrow r$이므로 ①이 답이다.

23

$a > 2$이고 $b > 1$은 $a + b > 3$이기 위한 무슨 조건인가?

① 충분조건   ② 필요조건

③ 필요충분조건   ④ 아무 조건도 아니다.

정답 : ①

해설 : $a > 2$이고 $b > 1$이면 $a + b > 3$이다. 그러나 $a + b > 3$일 때 $a > 2$과 $b > 1$이 항상 성립하는 것은 아니다.

예·상·문·제

수학   01. 집합과 명제

24

다음 (   )안에 들어갈 내용은? (단, a, b 는 실수)

> $a + b \geqq 0$은 $a \geqq 0$이고, $b \geqq 0$이기 위한 (   )이다.

① 충분조건   ② 필요조건

③ 필요충분조건   ④ 아무 조건도 아니다.

정답 : ②

해설 : $a+b \geqq 0$이라고 해서 항상 a와 b가 0 이상이 되는 것은 아니다. 그러나 a와 b가 0 이상이라면 항상 $a+b \geqq 0$이므로 필요조건이 된다.

25

실수 x, y에 대하여 $xy = 0$은 $x = 0$ 또는 $y = 0$이기 위한 무슨 조건인가?

① 충분조건   ② 필요조건

③ 필요충분조건   ④ 아무 조건도 아니다.

정답 : ③

해설 : $xy = 0$일 때, $x = 0$이거나 $y = 0$이다. 또한 x나 y 둘 중 하나만 0이어도 $xy = 0$이다.

26

다음 두 조건 p, q에 대하여 p가 q이기 위한 필요충분조건이 되기 위한 양수 a의 값은?

> $p : -3 < x < 3$ $q : |x| < a$

① 1   ② 2   ③ 3   ④ 4

정답 : ③

해설 : 두 조건 p와 q가 같을 때 필요충분조건이라 한다.

27

전체집합 $U = \{\, 1,\ 2,\ 3,\ 4,\ 5,\ 6,\ 7,\ 8,\ 9,\ 10 \,\}$에 대하여 조건 「$p : x$는 소수이다」이면 $\sim p$의 진리집합은?

① $\{\, 2,\ 3,\ 5,\ 7 \,\}$ ② $\{\, 1,\ 4,\ 6,\ 8,\ 9,\ 10 \,\}$

③ $\{\, 2,\ 4,\ 6,\ 8,\ 10 \,\}$ ④ $\{\, 1,\ 3,\ 5,\ 7,\ 9 \,\}$

정답 : ②

해설 : 조건 p의 진리집합 전체집합 U에서의 조건 p를 참이 되게 하는 원소들의 집합

01. 집합과 명제　　수학　　정답과 해설

28

다음 명제 중 그 역이 참인 것은?

① $x^2 \geq 1$이면 $x \geq 1$이다.

② $a > 0$, $b > 0$이면 $ab > 0$이다.

③ $x = -1$이면 $x^2 = 1$이다.

④ $a > 0$, $b > 0$이면 $a + b > 0$이다.

정답 : ①

해설
①의 역 : $x \geq 1$이면 $x^2 \geq 1$이다
　　(참).
②의 역 : $ab > 0$이면 $a > 0$, $b > 0$이다(거짓).
③의 역 : $x^2 = 1$이면 $x = -1$이다(거짓).
④의 역 : $a + b > 0$이면 $a > 0$, $b > 0$이다(거짓).

29

명제 '$\sim q$이면 p이다.'가 항상 거짓일 때 다음 중 항상 거짓인 명제는?

① q이면 p이다.　　　② p이면 q이다.

③ q이면 $\sim p$이다.　　④ $\sim p$이면 q이다.

정답 : ④

해설 : 대우관계의 명제는 같은 진릿값을 갖는다.
따라서 '$\sim q$이면 p이다.'의 대우는 $\sim p$이면 q이다.

30

a, b가 양수일 때, 부등식 $\dfrac{4b}{a} + \dfrac{9a}{b}$의 최솟값은?

① 3　　　　　　　② 6

③ 9　　　　　　　④ 12

정답 : ④

해설 : 산술기하평균에 의하여
$\dfrac{4b}{a} + \dfrac{9a}{b} = 2\sqrt{36} = 2 \times 6 = 12$

31

$x > 0$, $y > 0$일 때, $(2x + 5y)\left(\dfrac{8}{x} + \dfrac{5}{y}\right)$의 최솟값을 구하여라.

① 53　　② 65　　③ 81　　④ 90

정답 : ③

해설 : 산술기하평균에 의하여
$(2x + 5y)\left(\dfrac{8}{x} + \dfrac{5}{y}\right) = 16 + \dfrac{10x}{y} + \dfrac{40y}{x} + 25 \geq 41 + 2\sqrt{400}$
따라서 최솟값은 81

정답과 해설

정답 : ②

해설 : 코쉬부등식에 의하여
$(3x+y)^2 \leq (3^2+1^2) \cdot (x^2+y^2)$이
므로 $(3x+y)^2 \leq (10) \cdot (2)$,
$\therefore -2\sqrt{5} \leq 3x+y \leq 2\sqrt{5}$ 이다.
그러므로 최댓값 $2\sqrt{5}$, 최솟값
$-2\sqrt{5}$ 의 합은 0이다.

정답 : ④

해설 : 코쉬부등식에 의하여
$(2x+y)^2 \leq (2^2+1^2) \cdot (x^2+y^2)$이므
로 $(5)^2 \leq (5) \cdot (x^2+y^2)$이다.
$\therefore x^2+y^2 \geq 5$이다.

정답 : ③

해설 : $x + \dfrac{1}{x} + \dfrac{9x}{x^2+1} = \dfrac{x^2+1}{x} +$

$\dfrac{9x}{x^2+1}$이고 산술기하평균에 의

하여 $\dfrac{x^2+1}{x} + \dfrac{9x}{x^2+1} \geq 2\sqrt{9}$

따라서 최솟값은 6이다.

정답 : ④

해설 : 판별식을 이용하여 각각
의 그래프를 그려보면 쉽게 알
수 있다.
④의 $x^2-2x+5 = (x-1)^2+4 \geq 4$
항상 4이상의 값을 갖는다. 따라
서 항상 0보다 큰 값을 갖는다.

32

$x^2 + y^2 = 2$일 때, $3x + y$의 최댓값과 최솟값의 합을 구하여라.
(*x*, *y*는 실수)

① -3 ② 0

③ 5   ④ 5

33

$2x + y = 5$일 때, $x^2 + y^2$의 최솟값을 구하여라. (*x*, *y*는 실수)

① -3 ② 0

③ 3   ④ 5

34

x가 양수일 때, $x + \dfrac{1}{x} + \dfrac{9x}{x^2+1}$의 최솟값을 구하여라.

① 3   ② 5

③ 6   ④ 7

35

다음 부등식 중 항상 참인 것을 골라라.

① $x^2 - 2x - 3 > 0$ ② $3x^2 - 5x + 1 \leq 0$

③ $x^2 + 4x + 4 \leq 0$ ④ $x^2 - 2x + 5 > 0$

2. 함수

01 함수

(1) 함수

① 함수의 정의

- **함수** : 집합 X의 각 원소에 대하여 집합 Y의 원소가 한 개씩 대응할 때 이 대응을 집합 X에서 y로의 함수라 하고 다음과 같이 나타낸다.

  $f : X \rightarrow Y$ 또는 $X \rightarrow Y$

- **정의역** : 집합 X

  공역 : 집합 Y

- **함숫값** : 함수 $f : X \rightarrow Y$에서 X의 원소 x에 대응하는 Y의 원소가 y일 때 y를 함수 f에 의한 x의 함숫값이라고 하며 $f(x)$로 표시한다.

- **치역** : 함숫값 전체의 집합 (치역 $\subset$ 공역)

② 여러 가지 함수

- **일대일 함수** : 함수 $f : X \rightarrow Y$에서 다음을 만족하는 함수를 말한다.

  정의역 X의 임의의 원소 x_1, x_2에 대하여 $x_1 \neq x_2$이면 $f(x_1) \neq f(x_2)$

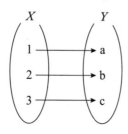 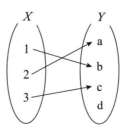

- 일대일 대응 : 함수 $f : X \to Y$에서 다음을 만족하는 함수를 말한다. 정의역 X의 임의의 원소 x_1, x_2에 대하여 $x_1 \neq x_2$이면 $f(x_1) \neq f(x_2)$이고 치역과 공역이 같다.

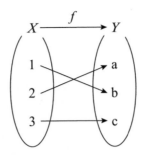

- 항등함수 : $f : X \to Y$, $f(x) = x$인 함수 f를 집합 X에서의 항등함수라 하고 기호 I로 나타낸다.

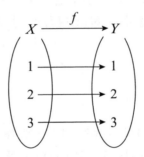

- 상수함수 : 함수 $f : X \to Y$에서 X의 모든 원소가 Y의 한 원소에 대응되는 함수로 함수 f의 치역이 하나의 원소로만 이루어진 함수이다.

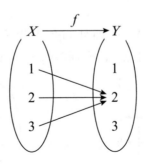

⊙ 연습문제 ⊙

01. 다음 함수들 중 물음에 맞는 것을 각각 골라보자.

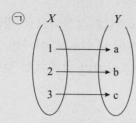
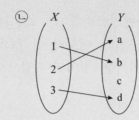
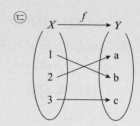

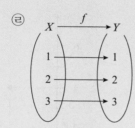
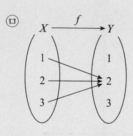

① 일대일 함수를 모두 골라보자.

② 치역과 공역이 같은 함수를 모두 골라보자.

③ 일대일 대응 함수를 모두 골라보자.

02. $f(x)$는 항등함수, $g(x)$는 상수함수이다. $f(1) + g(2) = 5$일 때, $g(3)$의 값을 구하여라.

③ 함수와 그래프

- **그래프** : 함수 $y = f(x)$를 만족하는 x와 y를 순서쌍으로 나타내어 좌표평면에 나타낸 것을 함수 $y = f(x)$의 그래프라고 한다.

- **그래프를 나타내는 방법** : 함숫값 y는 x의 값에 의해 결정되므로 정의역에 따라 그래프의 모양이 달라진다. 예를 들어, 정의역이 범위로 주어지면 그래프의 모양도 구간에서만 그려지고, 정의역이 점으로 주어지면 그래프의 모양도 점으로 나타나게 된다.

예 $y = 2x$

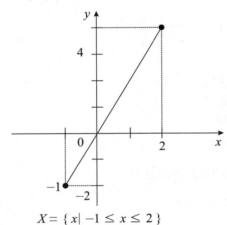

$X = \{ x | -1 \leq x \leq 2 \}$

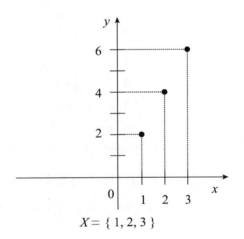

$X = \{ 1, 2, 3 \}$

◉ 연습문제 ◉

01. 실수 전체의 집합 R에서 R로의 함수 f에 대하여

$$\begin{cases} -2x^2 \ (x \leq 2) \\ \dfrac{x}{2} \quad (x > 2) \end{cases}$$ 으로 정의하자. $f(2) \times f(8)$의 값을 구해 봅시다.

02. 다음 함수 그래프의 종류를 써봅시다. (일대일함수, 항등함수, 상수함수 중에서 고르시오)

①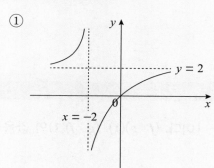

② $y = x$

③ $y = 4$

(2) 합성함수와 역함수

① 합성함수

- **합성함수의 뜻** : 두 함수 $f : X \to Y$, $g : Y \to Z$가 주어졌을 때 X의 임의의 원소 x에 Z의 원소 $g(f(x))$를 대응시키는 새로운 함수를 f와 g의 합성함수라 하고 다음과 같이 나타낸다.

$g \circ f : X \to Z$

$(g \circ f)(x) = g(f(x))$

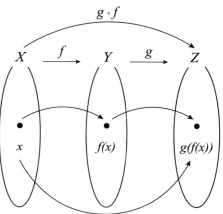

② 합성함수의 성질 : 세 함수 f, g, h에 대하여

　• $f \circ g \ne g \circ f$

　• $(f \circ g) \circ h = f \circ (g \circ h)$

　• $f \circ I = I \circ f = f (I$는 항등함수$)$

⊙ 연습문제 ⊙

01. 함수 $f(x) = x + 3$, $g(x) = 2x - 1$이다. $(f \circ g)(1)$, $(g \circ f)(1)$의 값을 구해봅시다.

02. 함수 $f(x) = x + 3$, $g(x) = 2x - 1$이다. $(f \circ g)(x)$, $(g \circ f)(x)$의 값을 구해봅시다.

---

④ 역함수

　• 역함수의 뜻 : 함수 $f : X \to Y$가 일대일 대응일 때
　　Y의 원소 y에 대하여 $f(x) = y$가 되는 $x \in X$를 대응시키는 함수를 f의 역함수라
　　하고 다음과 같이 나타낸다.

　　㉠ $f^{-1} : Y \to X$
　　㉡ $f^{-1}(y) = x$

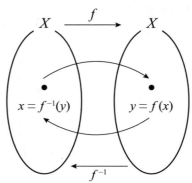

- 역함수의 연산 : 함수 f의 역함수를 $f-1$라 하면

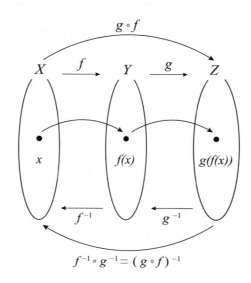

$\bigcirc$ $(f^{-1})^{-1} = f$

$\bigcirc$ $f \circ f^{-1} = f^{-1} \circ f = I$($I$는 항등함수)

$\bigcirc$ $(g \circ f)^{-1} = f^{-1} \circ g^{-1}$(순서에 주의)

$\bigcirc$ $f(a) = b$이면 $f^{-1}(b) = a$

$\bigcirc$ $f \circ g = I$이면 $g = f^{-1}$

$\bigcirc$ $f \circ g = h$이면 $g = f^{-1} \circ h,$ $g \circ f = h$이면 $g = h \circ f^{-1}$

- 역함수의 성질

    함수 $y = f(x)$와 $y = f^{-1}(x)$의 그래프는 직선 $y = x$에 대하여 대칭

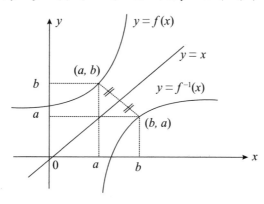

II. 수학 2

01. 함수 $f(x) = 5x - 2$에 대하여 $f^{-1}(8)$의 값은?

02. $f(x) = 5x - 2$에 대하여 $f^{-1}(x)$의 값은?

03. $f(x) = 2x + 5$, $g(x) = -x + 6$일 때, $g \circ f^{-1}(3)$을 구해보자.

02 유리식

유리수와 마찬가지로 두 다항식 A, B에 대하여 $\dfrac{A}{B}(B \neq 0)$의 꼴로 나타내어지는 식이 유리식이다.

따라서 유리수처럼 유리식도 다항식과 분수식으로 구분된다.

※ 유리식에서는 반드시 분모 ≠ 0라는 조건이 필요

(1) 유리식의 성질과 사칙연산

A, B, C, D가 다항식일 때

① $\dfrac{A}{B} = \dfrac{AC}{BC}$, $\dfrac{A}{B} = \dfrac{A \div C}{B \div C}$(단, $C \neq 0$)

② 덧셈과 뺄셈

$$\dfrac{A}{C} + \dfrac{B}{C} = \dfrac{A+B}{C},\ \dfrac{A}{C} - \dfrac{B}{C} = \dfrac{A-B}{C}$$

$$\dfrac{A}{C} + \dfrac{B}{D} = \dfrac{AD+BC}{CD},\ \dfrac{A}{C} - \dfrac{B}{D} = \dfrac{AD-BC}{CD}$$

③ 곱셈과 나눗셈

$$\dfrac{A}{B} \times \dfrac{C}{D} = \dfrac{AC}{BD},\ \dfrac{A}{B} \div \dfrac{C}{D} = \dfrac{AD}{BC}$$

⊙ 연습문제 ⊙

01. $\dfrac{1}{x+y} + \dfrac{1}{x-y}$을 간단히 하여라.

02. $x + \dfrac{1}{x} = 4$일 때, 다음 분수식의 값을 구하여라.

① $x^2 + \dfrac{1}{x^2}$

② $x^3 + \dfrac{1}{x^3}$

(2) 부분분수

$$\frac{1}{AB} = \frac{1}{B - A}\left(\frac{1}{A} - \frac{1}{B}\right)(단, \ A \neq B)$$

◉ 연습문제 ◉

---

01. 다음 유리식을 계산하여라.

$$\frac{1}{a(a + 1)} + \frac{1}{(a + 1)(a + 2)}$$

02. 다음 분수식을 간단히 하여라.

$$\frac{1}{a(a + 1)} + \frac{1}{(a + 1)(a + 2)} + \cdots + \frac{1}{(a + 9)(a + 10)}$$

03 유리함수

(1) 개념

함수 $y = f(x)$에서 $f(x)$가 x에 대한 유리식일 때, 이 함수를 유리함수라고 하고, 특히 분모가 상수가 아닌 유리함수를 분수함수라고 한다.

(2) 기본형 : $y = \dfrac{a}{x}\,(a \neq 0)$

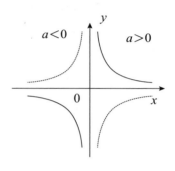

① 원점과 직선 : $y = x$, $y = -x$에 대하여 대칭인 곡선

② 점근선 : x축, y축

③ $a > 0$이면 제 1, 3 사분면에,
$\quad$ $a < 0$이면 제 2, 4 사분면에 그래프가 존재

④ a값에 따라 그래프의 모양이 달라짐

(3) 유리함수의 평행이동

① 함수 $y = \dfrac{a}{x - p} + q$의 그래프는 함수 $y = \dfrac{a}{x}$의 그래프를 $\begin{pmatrix} x축의방향으로 p \\ y축의방향으로 q \end{pmatrix}$만큼 평행이동한 곡선이다.

⊙ 연습문제 ⊙

$y = \dfrac{2x - 1}{x + 2}$의 그래프를 그리시오.

04 무리식

(1) 제곱근

① a의 제곱근 : 제곱해서 a가 되는 수

$\rightarrow x^2 = a(a \geqq 0)$

$\rightarrow x = \pm \sqrt{a}\,(a$의 제곱근) $\Rightarrow \begin{cases} a\text{의 양의 제곱근} : \sqrt{a} \\ a\text{의 음의 제곱근} : -\sqrt{a} \end{cases}$

② 제곱근의 성질 : 0의 제곱근은 0 하나 뿐이다.

(2) 제곱근의 계산

① $(\sqrt{a})^2 = a, (-\sqrt{a})^2 = a($단, $a \geq 0)$

$(\sqrt{a^2}) = |a| = \begin{cases} a(a \geqq 0) \\ -a(a < 0) \end{cases}$

⊙ 연습문제 ⊙

$-2 < a < 2$일 때, $\sqrt{(a-2)^2} + |a+2|$을 간단히 한 것은?

---

② 제곱근의 곱셈과 나눗셈

$\rightarrow a > 0,\ b > 0$일 때 $\begin{cases} \sqrt{a}\sqrt{b} = \sqrt{ab} \\ \sqrt{a^2 b} = a\sqrt{b} \\ \dfrac{\sqrt{a}}{\sqrt{b}} = \sqrt{\dfrac{a}{b}} \end{cases}$

③ 제곱근의 덧셈과 뺄셈 : 근호 부분이 같은 동류항끼리 더하거나 뺀다.

$$\begin{cases} m\sqrt{a} + n\sqrt{a} = (m+n)\sqrt{a} \\ m\sqrt{a} - n\sqrt{a} = (m-n)\sqrt{a} \end{cases}$$

(3) 분모의 유리화 : 분모가 무리수인 식에서 분모를 유리수로 고치는 것

$a > 0,\ b > 0$일 때

① $\dfrac{\sqrt{a}}{\sqrt{b}} = \dfrac{\sqrt{a}\sqrt{b}}{\sqrt{b}\sqrt{b}} = \dfrac{\sqrt{ab}}{b}$

② $\dfrac{c}{a+\sqrt{b}} = \dfrac{c(a-\sqrt{b})}{(a+\sqrt{b})(a-\sqrt{b})} = \dfrac{c(a-\sqrt{b})}{a^2-b}$

⊙ 연습문제 ⊙

$\dfrac{x}{\sqrt{2}+1} + \dfrac{y}{\sqrt{2}-1} = \dfrac{7}{3+\sqrt{2}}$ 을 만족시키는 유리수 $x,\ y$의 값을 구하여라.

---

(4) 무리수의 상등 (서로 같다) : $a,\ b,\ c,\ d,\ m$이 유리수일 때

① $a + b\sqrt{m} = 0 \Leftrightarrow a = 0,\ b = 0$

② $a + b\sqrt{m} = c + d\sqrt{m} \Leftrightarrow a = c,\ b = d$

⊙ 연습문제 ⊙

다음 각 식을 만족하는 유리수 $x,\ y$를 구하여라.

① $x + 2 + (y-1)\sqrt{3} = 3 + 4\sqrt{3}$

---

② $(x - 1)\sqrt{2} + (x + y - 1)\sqrt{3} = 0$

05 무리함수

(1) 개념

① 무리식 : 근호 안에 문자가 포함되어있는 식

② $\sqrt{2}, \sqrt{3},$ …등은 무리수이다.

③ $\sqrt{x}, \sqrt{x - 1},$ …처럼 근호안에 문자가 포함되어있는 식을 무리식이라 한다.

④ 무리식이 정의되기위한 조건 : (근호 안의 식의 값) ≥ 0

◉ 연습문제 ◉

다음 무리식의 값이 실수가 되기 위한 x의 범위를 구하여라.

$$\sqrt{(-2x + 6)} + \sqrt{(x - 4)}$$

---

(2) 기본형 : $y = \sqrt{ax} \, (a \neq 0)$

① 정의역

• $a > 0$이면 $\{ x \mid x \geqq 0 \}$

• $a < 0$이면 $\{ x \mid x \leqq 0 \}$

② 치역 : $\{ y \mid y \geqq 0 \}$

(3) 그래프

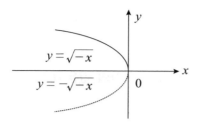 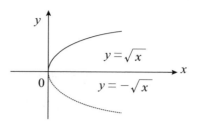

(4) 무리함수의 평행이동

함수 $y = \sqrt{a(x - p)} + q$의 그래프는 함수 $y = \sqrt{ax}$의 그래프를 $\begin{pmatrix} x축의 방향으로 p \\ y축의 방향으로 q \end{pmatrix}$ 만큼 평행이동한 곡선이다.

◉ 연습문제 ◉

다음 무리함수의 그래프를 그리시오.

① $y = \sqrt{x - 1} + 2$

② $y = -\sqrt{x + 2} + 1$

③ $y = \sqrt{-2x + 4} - 2$

④ $y = -\sqrt{x - 3} - 1$

II. 수학 2

정답과 해설

정답 : ②

해설 : $(f \cdot f)(2) = f(f(2))$이므로, $f(2)$를 구하고 그 값을 다시 $f(x)$에 대입한다.

$f(2) = \dfrac{1}{1-2} = -1$,

따라서 $(f \cdot f)(2) = f(f(2))$

$= f(-1) = \dfrac{1}{1-(-1)} = \dfrac{1}{2}$

정답 : ②

해설 : $(f \cdot g)(3) = f(g(3))$

$= f(8) = 10$

정답 : ①

해설 : $(f \cdot g)(x) = f(g(x))$

$= f(2x-3) = -(2x-3)+2$

$= -2x+5$

정답 : ①

해설 : $f^{-1}(2) = a$라 두면, $f(a) = 2$로 바꿀 수 있다. 따라서 $f(a) = -2a+5$이므로,

$-2a+5 = 2$, $2a = 3$,

$\therefore a = \dfrac{3}{2}$

01

함수 $f(x) = \dfrac{1}{1-x}$일 때, $(f \cdot f)(2)$의 값은?(단, $f \cdot f$는 f와 f의 합성함수이다.)

① $\dfrac{1}{4}$ ② $\dfrac{1}{2}$

③ 1 ④ 2

02

두 함수 $f(x) = x+2$, $g(x) = x^2-1$에 대하여 $(f \cdot g)(3)$의 값을 구하면?

① 5 ② 10 ③ 15 ④ 20

03

두 함수 $f(x) = -x+2$, $g(x) = 2x-3$에 대하여 합성함수 $f \cdot g$를 구하면?

① $-2x+5$ ② $-2x-5$

③ $-2x+1$ ④ $-2x-1$

04

함수 $f(x) = -2x+5$에 대하여 $f^{-1}(2)$의 값을 구하면?

① $\dfrac{3}{2}$ ② $\dfrac{1}{2}$

③ $-\dfrac{3}{2}$ ④ -1

05

$f(x) = 2x - 1$일 때, $(f \cdot f^{-1})(1)$의 값은?

① 1　　　② 2　　　③ 3　　　④ 4

정답 : ①

해설 : $(f \cdot f^{-1})(x) = x$이므로,
$(f \cdot f^{-1})(1) = 1$이다.

06

다음 함수 중에서 분수함수 $y = \dfrac{2}{x}$의 그래프의 개형을 나타낸 것은?

①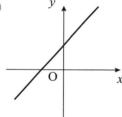

②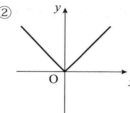

③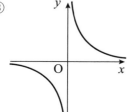

④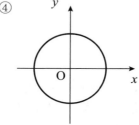

정답 : ③

해설 : $y = \dfrac{2}{x}$는 점근선의 방정식이 $x = 0$, $y = 0$이며, 분자의 상수가 양수이므로, 제1, 3사분면에 그려지는 직각쌍곡선이다.

07

분수함수 $y = \dfrac{2x + 4}{x - 1}$의 점근선의 방정식은?

① $x = 1$, $y = 2$

② $x = 1$, $y = -2$

③ $x = -1$, $y = 2$

④ $x = -1$, $y = -2$

정답 : ①

해설 : $y = \dfrac{2x + 4}{x - 1} = \dfrac{2(x-1) + 6}{x - 1}$
$= \dfrac{6}{x - 1} + 2$이므로 $x = 1$, $y = 2$

검정고시 **단**번에 합격하**기**

기·출·유·형·문·제

 정답과 해설

수학   02. 함수

정답 : ①

해설 : $y = \dfrac{2x+a}{x-2}$ 에 $x=3$, $y=3$
을 대입하여 만족시키는 a의 값
을 구한다.
$3 = \dfrac{2 \cdot 3 + a}{3 - 2}$, $a+6=3$,
$\therefore a = -3$

정답 : ③

해설 : $y = \sqrt{3x-6} + 1$
$= \sqrt{3x-6} + 1$이므로,
$y = \sqrt{3x}$ 의 그래프를 x축의 방
향으로 2만큼, y축의 방향으로
1만큼 평행이동한 그래프이다.
따라서, $m=2$, $n=1$
$\therefore m+n=3$

정답 : ③

해설 : $y = \sqrt{ax+b} + c$는
$y = \sqrt{a(x + \dfrac{b}{a})} + c$로 나타낼
수 있고 이는 $y = \sqrt{ax}$를 x축으
로 $-\dfrac{b}{a}$만큼 y축으로 c만큼 평
행이동한 것과 같다. $y = \sqrt{ax}$의
꼭짓점은 $(0,\ 0)$인데 $y =$
$\sqrt{ax+b} + c$의 꼭짓점은 $(-2,$
$-1)$이므로 $-\dfrac{b}{a} = -2, c = -1$임
을 알 수 있다. $y = \sqrt{ax+b} + c$
는 $(0,\ 1)$을 지나므로 이를 대입
하면 $1 = \sqrt{b} + c$이다. $c = -1$이
므로 $b=4$이고 이를 $-\dfrac{b}{a} = -2$
에 대입하면 $a=2$가 된다.
따라서 $a+b+c=5$이다.

08

분수함수 $y = \dfrac{2x+a}{x-2}$가 점(3, 3)을 지나도록 하는 상수 a의 값은?

① -3 ② -1

③ 2   ④ 4

09

함수 $y = \sqrt{3x-6} + 1$는 $y = \sqrt{3x}$의 그래프를 x축의 방향으로 m, y축의 방향으로 n만큼 평행이동한 그래프일 때, $m+n$의 값은?

① 1

② 2

③ 3

④ 4

10

무리함수 $y = \sqrt{ax+b} + c$의 그래프가 오른쪽 그림과 같을 때, $a+b+c$의 값은?

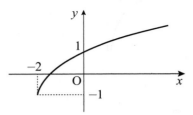

① 1

② 3

③ 5

④ 7

예 · 상 · 문 · 제

2009개정 고등학교 졸업학력 검정고시

01

함수 $f(x) = x - 1$와 $g(x) = 3x + 2$에 대하여 합성함수 $(g \cdot f)(x)$, $(f \cdot g)(x)$를 각각 구하여라.

02

다음 보기의 함수에 대하여 물음에 답하여라.

> ㉠ $y = -0.5$ 　　　　 ㉡ $y = x$
>
> ㉢ $y = -2x + 1$ 　　 ㉣ $y = \dfrac{1}{2}x^2$

(1) 항등함수를 찾아라.

(2) 상수함수를 찾아라.

(3) 일대일 대응을 찾아라.

정답과 해설

03

두 함수 $f(x) = x^2$, $g(x) = 3x - 2$에 대하여 다음을 구하여라.

(1) $(f \cdot g)(2)$

(2) $(g \cdot f)(2)$

(3) $(f \cdot f)(1)$

(4) $(g \cdot g)(0)$

정답 : (1)16   (2)10
     (3)1   (4)−8

해설

(1) $(f \cdot g)(2) = f(g(2))$
    $= f(4) = 16$

(2) $(g \cdot f)(2) = g(f(2))$
    $= g(4) = 10$

(3) $(f \cdot f)(1) = f(f(1))$
    $= f(1) = 1$

(4) $(g \cdot g)(0) = g(g(0))$
    $= g(-2) = -8$

04

다음 그래프 중 「$f(a) = f(b)$이면 $a = b$」를 만족하는 함수의 그래프는?

① 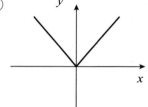   ②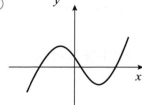

정답 : ③

해설 : $f(a) = f(b)$이면 $a = b$의 대우를 구하면, $a \neq b$이면 $f(a) \neq f(b)$이다. 즉, 일대일함수를 구하면 된다.

③ 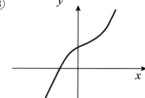   ④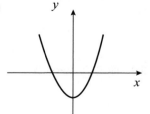

05

두 함수 $f : x \to 2x - 1,\ g : x \to x + 1$에 대한 합성함수가 각각 $(f \cdot f)(2) = a,\ (g \cdot f)(1) = b,\ (g \cdot g)(c) = 1$일 때 $a + b + c$의 값은?

① 4

② 5

③ 6

④ 7

정답 : ③

해설 : $(f \cdot f)(2) = f(f(2))$
$= f(3) = 5,\ (g \cdot f)(1) = g(f(1))$
$= g(1) = 2$
$(g \cdot g)(c) = g(g(c)) = g(c + 1)$
$= c + 1 + 1 = c + 2$ 이므로,
$c + 2 = 1,\ \therefore c = -1$
$\therefore a + b + c = 5 + 2 + (-1) = 6$

06

함수 $f(x) = 2x + 6,\ g(x) = ax - 1$에 대하여 $f \cdot g = g \cdot f$일 때 a의 값은 ?

① $\dfrac{1}{2}$

② $\dfrac{1}{6}$

③ $\dfrac{5}{6}$

④ $\dfrac{1}{8}$

정답 : ③

해설 : $f \cdot g = g \cdot f$는 교환법칙이 성립하도록 하라는 표현으로 나올 수도 있다. 좌변과 우변을 각각 구하여 서로 같아지도록 하는 a의 값을 구한다.
$f(g(x)) = f(ax - 1) = 2(ax - 1) + 6$
$= 2ax + 4,\ g(f(x)) = g(2x + 6)$
$= a(2x + 6) - 1 = 2ax + 6a - 1$
따라서, $6a - 1 = 4,\ 6a = 5,$
$\therefore a = \dfrac{5}{6}$

07

일차함수 $y = \dfrac{1}{2} x - 1$의 역함수를 $y = ax + b$라 할 때 ab의 값은?

① 4

② 2

③ − 3

④ − 4

정답 : ①

해설 : 주어진 일차함수
$y = \dfrac{1}{2}x - 1$의 x와 y를 서로 바꾸면 $x = \dfrac{1}{2}y - 1$, 정리하면,
$\dfrac{1}{2}y = x + 1,$
$\therefore y = 2x + 2,\ ab = 2 \cdot 2 = 4$

정답과 해설

수학   02. 함수

08

두 함수 $f(x) = x - 1$, $g(x) = \dfrac{x}{x-1}$ 에서 합성함수 $(f^{-1} \cdot g)(2)$의 값은? (단, f^{-1}는 f의 역함수)

① -1 ② 1

③ 2 ④ 3

정답 : ④

해설 : $(f^{-1} \cdot g)(2) = f^{-1}(g(2))$이다. $g(2) = 2$이다. $f^{-1}(2) = a$라고 하면 $f(a) = 2$이다. 따라서 $a - 1 = 2$, 즉 $a = 3$이다.

09

다음 중 함수 f의 역함수 f^{-1}가 존재하는 것은?

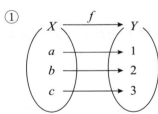   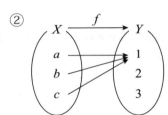

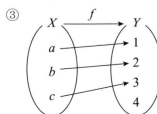   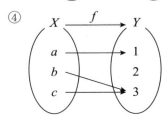

정답 : ①

해설 : 역함수가 존재하려면 일대일대응을 찾아야 한다.

10

유리함수 $y = \dfrac{x}{x-1}$의 그래프가 갖는 점선의 방정식은?

① $x = -1$, $y = 0$ ② $x = 1$, $y = 1$

③ $x = 0$, $y = 1$ ④ $x = -1$, $y = -1$

정답 : ②

해설 : $y = \dfrac{(x-1)+1}{x-1} = \dfrac{1}{x-1} + 1$ 이므로, 점근선의 방정식은 $x = 1$, $y = 1$

11

그림의 직각쌍곡선은 함수 $y = \dfrac{1}{x}$ 의 그래프를 좌표축에 따라 평행 이동한 것이다. 이 그래프가 나타내는 함수의 식은?(단, 두 직선 $x = -2,\ y = 1$은 점근선)

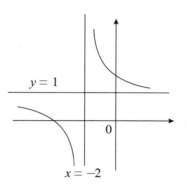

① $y - 1 = \dfrac{1}{x + 2}$

② $y - 1 = \dfrac{1}{x - 2}$

③ $y + 1 = \dfrac{1}{x + 2}$

④ $y + 1 = \dfrac{1}{x - 2}$

정답 : ①

해설 : 점근선이 $x = 0,\ y = 0$인 $y = \dfrac{1}{x}$의 그래프가 점근선 $x = -2,\ y = 1$로 이동했으므로,

$y = \dfrac{1}{x + 2} + 1$

12

함수 $y = \sqrt{\dfrac{1}{3}x - 2 + 1} + 1$의 정의역을 바르게 나타낸 것은?

① $\{x \mid x \geqq 6\}$

② $\{x \mid x \geqq 2\}$

③ $\{x \mid x \geqq 1\}$

④ $\{x \mid x \geqq \dfrac{1}{3}\}$

정답 : ①

해설 : 근호 안은 0보다 크거나 같아야 하므로,

$\dfrac{1}{3}x - 2 \geqq 0,\ \dfrac{1}{3}x \geqq 2$

$\therefore x \geqq 6$

13

함수 $y = -\sqrt{x - 2} + 1$의 치역을 구하면?

① $\{y \mid y \leqq 1\}$

② $\{y \mid y \geqq 1\}$

③ $\{y \mid y \geqq -1\}$

④ $\{y \mid y \leqq 2\}$

정답 : ①

해설 : $-\sqrt{x - 2} \leqq 0$이므로 $y \leqq 1$

14

분수함수 $y = \dfrac{-2x+4}{x-1}$의 점근선의 방정식은?

정답 : ②

해설 : $y = \dfrac{-2(x-1)+2}{x-1}$

$= \dfrac{2}{x-1} - 2$ 이므로,

$x=1, \ y=-2$

① $x = 1, \ y = 2$

② $x = 1, \ y = -2$

③ $x = -1, \ y = 2$

④ $x = -1, \ y = -2$

15

함수 $y = \dfrac{x-3}{ax+b}$의 그래프가 점 $\left(2, \dfrac{1}{2}\right)$을 지나고 직선 $y = \dfrac{1}{3}$이 이 그래프의 점근선중 하나일 때, $a+b$의 값은 ?

정답 : ①

해설 : 점근선은 $y = \dfrac{1}{a} = \dfrac{1}{3}$이므

로, $a=3$, $y = \dfrac{x-3}{3x+b}$에 점 $\left(2, \dfrac{1}{2}\right)$

을 대입하면, $\dfrac{1}{2} = \dfrac{2-3}{3 \cdot 2 + b}$,

$b+6 = -2$, $\therefore \ b = -8$

① -5

② $-\dfrac{4}{5}$

③ $\dfrac{4}{5}$

④ 5

16

함수 $y = \dfrac{-x+b}{x+a}$가 점 $(0, \ 2)$를 지나고, 점근선이 $x = 2, \ y = -1$ 일 때, 상수 $a+b$의 값은?

정답 : ③

해설 : 점근선을 구하면,

$x = -a, \ y = -1$이므로 $a = -2$

따라서, $y = \dfrac{-x+b}{x-2}$에 $(0, \ 2)$를

대입하면, $2 = \dfrac{b}{-2}, b = -4$

① -2

② -4

③ -6

④ -8

정답과 해설

17

함수 $y = \dfrac{ax+b}{x+c}$의 그래프의 점근선은 $x=2$, $y=-3$이고 y축과 만나는 점의 좌표는 $(0, -4)$일 때, $a+b+c$의 값을 구하면?

① 1   ② 2   ③ 3   ④ 4

정답 : ③

해설 : 점근선은 $x=-c$, $y=a$이 므로, $-c=2$, $a=-3$

$y=\dfrac{-3x+b}{x-2}$에 점 $(0, -4)$ 대입 하면, $-4=\dfrac{b}{-2}$이므로, $b=8$

18

함수 $y = \dfrac{2x+3}{x+a}$의 그래프는 점 $(1, -5)$를 지난다고 한다. 이 그래프의 점근선을 구하면?

① $x=2$, $y=-2$ ② $x=-2$, $y=2$

③ $x=-2$, $y=-2$ ④ $x=2$, $y=2$

정답 : ④

해설 : 함수에 점을 대입하면,

$-5=\dfrac{2 \cdot 1+3}{1+a}$, $5=-5-5a$,

$a=-2$ 따라서, $y=\dfrac{2x+3}{x-2}$이므 로, 점근선은 $x=2$, $y=2$

19

분수함수 $f(x) = \dfrac{2x+a}{x+2}$의 역함수가 $f^{-1}(x) = \dfrac{3-2x}{x-b}$일 때, 상수 $a \cdot b$의 값을 구하면?

① 2   ② 4   ③ 6   ④ 8

정답 : ③

해설 : $y=\dfrac{2x+a}{x+2}$에서 x, y를 바 꾸면, $x=\dfrac{2y+a}{y+2}$,

$xy+2x=2y+a$,

$(x-2)y=-2x+a$,

$y=\dfrac{-2x+a}{x-2}$ 따라서, $a=3$, $b=2$

20

함수 $y = \sqrt{-2x-2} - 2$의 그래프는 $y = \sqrt{-2x}$의 그래프를 x축 의 방향으로 m만큼, y축의 방향으로 n만큼 평행이동한 것이다. 이때, $m+n$의 값은 ?

① -4 ② -3 ③ -1 ④ 3

정답 : ②

해설 : $y=\sqrt{-2x-2}-2$ $=\sqrt{-2(x+1)}-2$이므로, $y=\sqrt{-2x}$의 그래프를 x 축으 로 -1만큼, y 축으로 -2만큼 평 행이동한 그래프이다. $\therefore m=-1$, $n=-2$

정답과 해설

수학　02. 함수

21

다음 중 무리함수 $y = \sqrt{x-1} + 1$의 그래프로 가장 적당한 것은?

①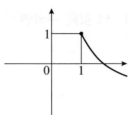

②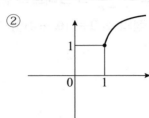

③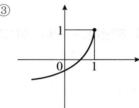

④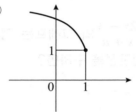

정답 : ②

해설 : $y = \sqrt{x-1} + 1$는 $y = \sqrt{x}$
의 그래프를 x축으로 1만큼, y
축으로 1만큼 평행이동한 그래
프이다.

22

집합 $A = \{ x \mid x > 1 \}$에 대하여 A에서 A로의 함수 f, g가
$f(x) = \dfrac{x+2}{x-1}$, $g(x) = \sqrt{2x+1}$일 때, $(f \cdot (g \cdot f)^{-1})(2)$을 구하면?

① $\dfrac{1}{2}$

② $\dfrac{3}{2}$

③ $\dfrac{5}{2}$

④ $\dfrac{7}{2}$

정답 : ②

해설 : $(f \cdot (g \cdot f)^{-1})(2)$
$= (f \cdot f^{-1} \cdot g^{-1})(2)$
$= g^{-1}(2)$ 이므로, $g^{-1}(2) = a$라 두
면 $g(a) = 2$, $\sqrt{2a+1} = 2$,
$2a+1 = 4$, $a = \dfrac{3}{2}$

23

함수 $f(x) = \sqrt{x+a}$의 역함수를 $g(x)$라고 하자. $g(1) = 2$일 때, a
의 값을 구하면?

① -2

② -1

③ 0

④ 1

정답 : ②

해설 : $g(x) = f^{-1}(x$이므로
$g(1) = f^{-1}(1) = 2$, $f(2) = 1$,
$\sqrt{2+a} = 1$, $a+2 = 1$,
$\therefore a = -1$

3.수열

01 등차수열

(1) 등차수열과 등차중항

① 수열

- 수열 : 어떤 일정한 규칙에 따라 차례로 얻어지는 수들을 순서대로 나열한 것

- 항 : 수열을 이루는 각각의 수

- 일반항 : 수열을 $a_1,\ a_2,\ a_3,\ \cdots,\ a_n,\ \cdots,$ 으로 나타낼 때,
  a_1을 첫째항(제 1항), a_2를 둘째항(제 2항), $\cdots$, a_n을 n째항(제 n항), $\cdots$이라 한다

  예 수열 2, 4, 6, 8, 10, $\cdots$에서 $a_1 = 2$, $a_2 = 4$, $a_3 = 6$, $\cdots$, $a_n = 2n$, $\cdots$이므로 이 수열의
  일반항은 $a_n = 2n$이다.

② 등차수열

- 등차수열 : 첫째항부터 차례로 일정한 수를 더하여 얻어지는 수열

- 공차 : 두 항 사이의 일정한 차(distance)
  $$a_{n+1} = a_n + d$$

- 등차수열의 일반항 : 첫째항이 a, 공차가 d인 등차수열의 일반항
  $$a_n = a + (n-1)d$$

  예 첫째항이 3, 공차가 2인 등차수열의 일반항 $a_n = 3 + (n-1)2 = 2n + 1$

◉ 연습문제 ◉

등차수열 1, 3, 5, 7, $\cdots$의 일반항을 구하여라.

③ 등차중항 : 세 수 a, b, c가 이 순서로 등차수열을 이룰 때, b를 a와 c의 등차중항이라고 하며 $2b = a + c$가 성립한다.

⊙ 연습문제 ⊙

01. 등차수열 1, x, 5에서 등차중항 x의 값을 구하여라.

02. 등차수열을 이루는 세 개의 수가 있다. 세 수의 합은 6이고 제곱의 합은 14일 때, 세 수의 곱을 구하여라.

---

(2) 등차수열의 합

① 등차수열의 합 : 첫째항이 a, 공차가 d, 끝항이 l인 등차수열의 첫째항부터 제 n항까지의 합 S_n

· 첫째항과 공차를 알 때, $S_n = \dfrac{n\{2a + (n-1)d\}}{2}$

· 첫째항과 끝항을 알 때, $S_n = \dfrac{n(a + l)}{2}$

⊙ 연습문제 ⊙

01. 첫째항이 1, 공차가 2인 등차수열의 제 50항까지의 합을 구하여라.

---

02. 첫째항이 1, 제 50항이 99인 등차수열의 제 50항까지의 합을 구하여라.

• 끝항 $a_n = l$을 알 때, $S_n = \dfrac{n(a + l)}{2}$

  예 등차수열 1, 4, 7, 10, …의 첫째항부터 제 4항까지의 합은 $S_n = \dfrac{4(1 + 10)}{2} = 22$이다.

• 공차 d를 알 때, $S_n = \dfrac{n\{2a + (n - 1)d\}}{2}$

  예 등차수열 1, 4, 7, 10, …의 첫째항부터 제 10항까지의 합은 $S_n = \dfrac{10\{2 + (10 - 1)3\}}{2}$
  $= 145$ 이다.

② 수열의 합과 일반항 사이의 관계 : 수열 $\{a_n\}$ 의 첫째항부터 제 n항까지의 합을 S_n이라 할 때, 그 관계는

• $a_1 = S_1$

• $a_n = S_n - S_{n-1}(n \geq 2)$

  증명
$$S_n = a_1 + a_2 + a_3 + \cdots + a_{n-1} + a_n$$
$$-)\ S_{n-1} = a_1 + a_2 + a_3 + \cdots + a_{n-1}(n \geq 2)$$
$$\overline{S_n - S_{n-1} = a_n(n \geq 2)}$$

⊙ 연습문제 ⊙

01. 첫째항부터 제 n항까지의 합이 $S_n = n^2 + 3n$으로 표시되는 수열의 일반항 a_n과 제 10항을 차례로 구하여라.

02. 첫째항부터 제 n항까지의 합이 $S_n = n^3 + 3n + 2$로 표시되는 수열의 일반항 a_n과 제 10항을 차례로 구하여라.

---

02 등비수열

(1) 등비수열과 등비중항

① 등비수열

- 등비수열 : 첫째항부터 차례로 일정한 수를 곱하여 얻어지는 수열
  공비 : 연속하는 두 항 사이의 일정한 비 (*ratio*)

- 첫째항이 a, 공비가 r인 등비수열의 일반항 $a_n = ar^{n-1}$

  예 첫째항이 3, 공비가 2인 등비수열의 일반항 $a_n = 3 \cdot 2^{n-1}$

◉ 연습문제 ◉

다음 등비수열의 일반항을 구하여라.

① $-1, \ -3, \ -9, \ -27, \cdots$

② 2, − 2, 2, − 2, …

② 등비중항 : 세 수 a, b, c가 이 순서로 등비수열을 이룰 때 b를 a, c의 등비중항이라고 하며 $b^2 = ac$가 성립한다.

⊙ 연습문제 ⊙

등비수열 1, x, 4에서 등비중항 x를 구하여라.

(2) 등비수열의 합

① 등비수열의 합 : 첫째항이 a, 공비가 r인 등비수열의 합

$$S_n = \begin{cases} \dfrac{a(1 - r^n)}{1 - r} = \dfrac{a(r^n - 1)}{r - 1} & (r \neq 1) \\ na & (r = 1) \end{cases}$$

예 등비수열 2, 4, 8, 16, …의 첫째항부터 제 10항까지의 합은 $S_n = \dfrac{2(2^{10} - 1)}{2 - 1} = 2046$이다.

⊙ 연습문제 ⊙

다음 등비수열의 주어진 항까지의 합을 구하여라.

① 2, 6, 18, ⋯ (제 10항)

② 48, − 24, 12, ⋯(제 5항)

② 수열의 합과 일반항 사이의 관계 : 수열 $\{a_n\}$ 에서 $S_n = a_1 + a_2 + a_3 + \cdots + a_n$이라 할 때, $a_1 = S_1$, $a_n = S_n - S_{n-1}(n \geq 2)$

(3) 원리합계

① 원리합계의 계산공식 : 원금을 a, 이율을 r, 기간을 n이라 할 때,

• 단리법 : 원리합계 $P = a(1 + rn)$

• 복리법 : 원리합계 $P = a(1 + r)^n$

② 복리법에 의한 적립총액(적금총액) : 1년 마다 복리로 매년 a원씩 연이율 r로 n년 동안 적립할 때, n년 말의 원리합계를 S_n이라고 하면

• 매년 초에 적립 : $S_n = \dfrac{a(1 + r)\{(1 + r)^n - 1\}}{(1 + r) - 1}$

• 매년 말에 적립 : $S_n = \dfrac{a\{(1 + r)^n - 1\}}{(1 + r) - 1}$

01. 2015월 1월 부터 2016년 12월까지 매달 초에 한 달마다 복리로 매달 10 만원을 적립할 때, 2016년 12월 말의 원리합계를 구하면?(단, 월이율 1% 이고, $1.01^{24} = 1.27$로 계산한다)

02. 2015월 1월 부터 2016년 12월까지 매달 말에 한 달마다 복리로 매달 10 만원을 적립할 때, 2016년 12월 말의 원리합계를 구하면?(단, 월이율 1% 이고, $1.01^{24} = 1.27$로 계산한다)

03 수열의 합과 수학적 귀납법

(1) 합의 기호 $\sum$

① 합의 기호 $\sum (sigma)$

- 로마자의 S에 해당하는 히랍문자로서, 합(sum)을 나타내는 기호

- $\sum$ 의 정의 : $\sum\limits_{k=1}^{n} a_k = a_1 + a_2 + a_3 + \cdots + a_{n-1} + a_n = S_n$

  예 $2 + 4 + 6 + \cdots + 2n = \sum\limits_{k=1}^{n} 2k$

⊙ 연습문제 ⊙

다음 식의 값을 구하면?

① $\sum\limits_{k=1}^{5} 3k$　　　　　　　② $\sum\limits_{k=1}^{8} 2k$

---

② $\sum$ 의 기본 성질

- $\sum\limits_{k=1}^{n}(a_k \pm b_k) = \sum\limits_{k=1}^{n} a_k \pm \sum\limits_{k=1}^{n} b_k$

  예 $\sum\limits_{k=1}^{n} a_k = 2$, $\sum\limits_{k=1}^{n} b_k = 3$일 때, $\sum\limits_{k=1}^{n}(a_k + b_k) = 2 + 3 = 5$

- $\sum\limits_{k=1}^{n} ca_k = c\sum\limits_{k=1}^{n} a_k (c$는 상수$)$

  예 $\sum\limits_{k=1}^{n} a_k = 2$일 때, $\sum\limits_{k=1}^{n} 5a_k = 5\sum\limits_{k=1}^{n} a_k = 5 \cdot 2 = 10$

- $\sum\limits_{k=1}^{n} c = cn(c$는 상수$)$　　　　　　예 $\sum\limits_{k=1}^{n} 3 = 3n$

⊙ 연습문제 ⊙

$\displaystyle\sum_{k=1}^{20} a_k = 39$, $\displaystyle\sum_{k=1}^{20} b_k = 17$일 때, $\displaystyle\sum_{k=1}^{20} (3a_k - b_k + 5)$의 값은?

③ $\sum$ 의 기본 계산 공식

- $\displaystyle\sum_{k=1}^{n} k = \frac{1}{2} n(n + 1)$

- $\displaystyle\sum_{k=1}^{n} k^2 = \frac{1}{6} n(n + 1)(2n + 1)$

- $\displaystyle\sum_{k=1}^{n} k^3 = \left\{ \frac{1}{2} n(n + 1) \right\}^2$

⊙ 연습문제 ⊙

다음 수열의 합을 구하여라.

$\displaystyle\sum_{k=1}^{n} (4k - 1)$

④ ∑ 를 이용한 수열의 합의 계산

• 일반항 a_n을 구한다.

• $S_n = \displaystyle\sum_{k=1}^{n} a_k$ 임을 이용하여 수열의 합을 ∑ 로 표현한다.

• 위의 ∑ 의 기본 공식을 써서 S_n의 값을 구한다.

⊙ 연습문제 ⊙

$1 + 3 + 5 + \cdots + (2n - 1)$을 ∑ 를 써서 나타내어라.

---

(2) 여러 가지 수열

① 분수 꼴로 주어진 수열의 합

• 분수수열의 합 : 분수수열 $\left\{\dfrac{1}{A \cdot B}\right\}$ 꼴의 합의 계산

➔ $\dfrac{1}{A \cdot B} = \dfrac{1}{B - A}\left(\dfrac{1}{A} - \dfrac{1}{B}\right)$을 이용하여 각 항을 변형한 후 소거한다.

예 $\displaystyle\sum_{k=1}^{n} \dfrac{1}{k(k+2)} = \sum_{k=1}^{n} \dfrac{1}{2}\left(\dfrac{1}{k} - \dfrac{1}{k+2}\right) = \dfrac{1}{2}\left(1 + \dfrac{1}{2} - \dfrac{1}{n+1} - \dfrac{1}{n+2}\right)$

⊙ 연습문제 ⊙

$\dfrac{1}{1 \cdot 2} + \dfrac{1}{2 \cdot 3} + \dfrac{1}{3 \cdot 4} + \cdots + \dfrac{1}{9 \cdot 10}$의 값을 구하여라.

• 무리수열의 합 : 무리수열 $\left\{ \dfrac{1}{\sqrt{A} + \sqrt{B}} \right\}$ 꼴의 합의 계산

➡ 분모의 유리화를 이용하여 각 항을 변형한 후 소거한다.

예 $\displaystyle\sum_{k=1}^{n} \dfrac{1}{\sqrt{k+1} + \sqrt{k}} = \sum_{k=1}^{n} (\sqrt{k+1} - \sqrt{k}) = \sqrt{n+1} - 1$

⊙ 연습문제 ⊙

$\dfrac{1}{\sqrt{2}+1} + \dfrac{1}{\sqrt{3}+\sqrt{2}} + \dfrac{1}{\sqrt{4}+\sqrt{3}} + \cdots + \dfrac{1}{\sqrt{9}+\sqrt{8}}$ 의 값을 구하여라.

---

② 등차수열과 등비수열의 곱으로 이루어진 수열의 합

수열의 합 $1 \cdot 1 + 2 \cdot 2 + 3 \cdot 2^2 + \cdots + n \cdot 2^{n-1}$ 을 구하는 방법은 다음과 같다.

• 구하려는 합을 S로 놓는다.

• S에 등비수열의 공비 r을 곱하여 $S - rS = (1-r)S$로 나타낸다.

• 등비수열의 합을 이용하여 $(1-r)S$를 계산한 후 양변을 $(1-r)$로 나누어 S를 구한다.

$$S = 1 \cdot 1 + 2 \cdot 2 + 3 \cdot 2^2 + \cdots + n \cdot 2^{n-1}$$
$$-) \quad rS = 1 \cdot 2 + 2 \cdot 2^2 + \cdots + (n-1) \cdot 2^{n-1} + n \cdot 2^n$$

예 $(1-r)S = 1 + 2 + 2^2 + \cdots + 2^{n-1} - n2^n$

$\qquad = \dfrac{1 \cdot (2^n - 1)}{2 - 1} - n \cdot 2^n = (1-n)2^n - 1$

$\quad S = (n-1)2^n + 1$

$1 \cdot 3^2 + 2 \cdot 3^3 + 3 \cdot 3^4 + \cdots + 9 \cdot 3^{10}$의 값을 구하여라.

③ 군수열 : 수열 $\{a_n\}$ 에서 몇 개의 항이 일정한 규칙에 따라 짝을 지어 이루어지는 수열을 군수열이라고 한다.

수열 $\dfrac{1}{2}$, $\dfrac{1}{3}$, $\dfrac{2}{3}$, $\dfrac{1}{4}$, $\dfrac{2}{4}$, $\dfrac{3}{4}$, $\dfrac{1}{5}$, $\dfrac{2}{5}$, $\dfrac{3}{5}$, $\dfrac{4}{5}$, $\dfrac{1}{6}$, $\cdots$에서 $\dfrac{12}{21}$은 몇 번째 항인지 구하여라.

• 군수열에서 수열을 이루는 것들은 다음과 같다.

㉠ 각 군 안에서의 항들

㉡ 각 군의 항의 개수

㉢ 각 군의 첫째항들

• 군수열의 풀이방법

㉠ 주어진 수열을 몇 개의 항씩 묶어서 규칙성을 갖는 군을 만든다.

㉡ 구하는 항이 몇 군의 몇 번째 항인지 구한다.

㉢ 각 군의 첫째항이 갖는 규칙 또는 각 군의 항의 개수에 대한 규칙을 알아 낸다.

(3) 수열의 귀납적 정의

① 수열의 귀납적 정의 : 수열에서 $\{a_n\}$ 에서

- 첫째항 a_1

- a_n과 a_{n+1} 사이의 관계식($n = 1,\ 2,\ 3,\ \cdots$)으로 수열 $\{a_n\}$ 을 정의하는 것

⊙ 연습문제 ⊙

다음과 같이 정의된 수열 $\{a_n\}$ 의 제 2항부터 제 5항까지 차례로 구하여라.

$a_1 = 2,\ a_{n+1} = -2a_n$

② 등차수열의 귀납적 정의

- $a_{n+1} - a_n = d$ ➡ 공차가 d인 등차수열
- $2a_{n+1} = a_n + a_{n+2}$ ➡ 등차수열

⊙ 연습문제 ⊙

다음과 같이 정의된 수열 $\{a_n\}$ 의 일반항을 구하여라.

$a_1 = 5,\ a_{n+1} - a_n = 3$

③ 등비수열의 귀납적 정의

- $a_{n+1} = ra_n$ ➜ 공비가 r인 등비수열

- $a_{n+1}{}^2 = a_n a_{n+2}$ ➜ 등비수열

⊙ 연습문제 ⊙

다음과 같이 정의된 수열 $\{a_n\}$의 일반항을 구하여라.

$a_1 = 8,\ a_{n+1} = 2a_n$

(4) 수학적 귀납법

자연수 n에 대한 명제 $p(n)$이 모든 자연수 n에 대하여 성립함을 증명하려면 다음의 두 가지 사실을 보이면 된다.

① $n = 1$일 때, 명제 $p(n)$이 성립한다.

② $n = k$일 때, 명제 $p(n)$이 성립한다고 가정하고 $n = k + 1$일 때도 명제 $p(n)$이 성립한다.

이와 같은 방법으로 명제 $p(n)$이 성립함을 증명하는 것을 **수학적 귀납법**이라 한다.

⊙ 연습문제 ⊙

$1^2 + 2^2 + \cdots + n^2 = \dfrac{n(n+1)(2n+1)}{6}$ **이 성립함을 증명하여라.**

01

다음 수열의 제 7항은?

$$1, \frac{1}{4}, \frac{1}{9}, \frac{1}{16}, \frac{1}{25}, \cdots$$

① $\frac{1}{25}$ ② $\frac{1}{36}$ ③ $\frac{1}{49}$ ④ $\frac{1}{64}$

정답 : ③

해설 : 분모가 자연수의 거듭제곱의 꼴로 변하고 있으므로 일반항을 구해보면 $\frac{1}{n^2}$ 이 된다.

따라서 제 7항은 $\frac{1}{7^2} = \frac{1}{49}$ 이다

02

다음 등차수열의 일반항은?

$$1, \quad 3, \quad 5, \quad 7, \quad \cdots$$

① $a_n = 2n$ ② $a_n = 2n + 1$

③ $a_n = 2n - 1$ ④ $a_n = n + 1$

정답 : ③

해설 : 초항이 1인 홀수를 나열한 수열이므로 일반항은 $a_n = 2n - 1$ 이다.

03

등차수열 $\{a_n\}$ 에 대하여 $a_3 = 5$, $a_6 = 11$일 때, a_8의 값은?

① 13 ② 15 ③ 17 ④ 19

정답 : ②

해설 : $a_6 - a_3 = 3d = 6$, $d = 2$, $a_8 = a_6 + 2d = 11 + 4 = 15$

04

등차수열 $\{a_n\}$ 에 대하여 $a_1 = 20$, $a_3 = 14$일 때, 처음으로 음수가 되는 항은?

① 제7항 ② 제8항 ③ 제9항 ④ 제10항

정답 : ②

해설 : $a_3 - a_1 = 2d = -6$, $d = -3$, $a_n = -3n + 23$ $a_n = -3n + 23 < 0$이 되는 n을 구하면 $n > \frac{23}{3} = 7.66$이므로 제 8항부터 음수가 된다.

05

세 수 -1, x, 15가 이 순서대로 등차수열을 이룰 때, x의 값은?

① 7 　　　　　② 8

③ 9 　　　　　④ 10

정답 : ①

해설 : x가 -1과 15의 등차중항이므로 $x = \dfrac{-1+15}{2} = 7$이다.

06

등차수열 $\{ a_n \}$에 대하여 $a_4 + a_5 + a_6 = 12$가 성립할 때, a_5의 값은?

① 1 　　　　　② 2

③ 3 　　　　　④ 4

정답 : ④

해설 : a_5가 a_4와 a_6의 등차중항이므로 $a_4 + a_6 = 2a_5$,
$a_4 + a_5 + a_6 = 3a_5 = 12$,
$a_5 = 4$이다.

07

등차수열 $\{ a_n \}$에 대하여 $a_n = 3n - 2$일 때, $a_1 + a_2 + \cdots + a_{10}$의 값은?

① 105 　　　　② 125

③ 145 　　　　④ 165

정답 : ③

해설 : $S_n = \dfrac{10(2 + 9 \times 3)}{2} = 145$

08

등차수열 $\{ a_n \}$에 대하여 $a_3 = 8$, $a_9 = 20$일 때, $a_1 + a_2 + \cdots + a_6$의 값은?

① 54 　　　　　② 66

③ 84 　　　　　④ 108

정답 : ①

해설 : $a_9 - a_3 = 6d = 12$, $d = 2$,
$a_1 = a_3 - 2d = 8 - 4 = 4$,
$a_n = 2n + 2$
$S_n = \dfrac{6(8 + 5 \times 2)}{2} = 54$

09

등차수열 $\{a_n\}$의 일반항이 $a_n = -4n + 31$일 때, 첫째 항부터 제 n항까지의 합 S_n이 최대가 되는 n과 그때의 최댓값의 합은?

① 112

② 122

③ 132

④ 142

10

등차수열 $\{a_n\}$의 첫 항부터 제 n항까지의 합 S_n이 $S_n = n^2 + 3n - 1$일 때, $a_1 + a_6$의 값은?

① 13 　　　　　　② 15

③ 17 　　　　　　④ 19

11

다음 등비수열의 일반항은?

$$-2, \ 4, \ -8, \ 16, \ \cdots$$

① $a_n = 2^{n-1}$

② $a_n = 2^n$

③ $a_n = (-2)^{n-1}$

④ $a_n = (-2)^n$

정답 : ①

해설 : 처음으로 음수가 되는 항을 찾으면 $a_n = -4n + 31 < 0$, $n > \frac{31}{4} = 7.75$이므로 제 8항부터 음수가 되므로 제 7항까지의 합이 S_n의 최댓값이다.
$a_1 = 27$, $a_7 = 3$,
$S_7 = \frac{7(27 + 3)}{2} = 105$

따라서 최대가 되는 n과 그때의 최댓값의 합은 $7 + 105 = 112$이다.

정답 : ③

해설 : $a_1 = S_1 = 1 + 3 - 1 = 3$,
$a_6 = S_6 - S_5 = 53 - 39 = 14$,
$a_1 + a_6 = 3 + 14 = 17$

정답 : ④

해설 : 초항이 -2이고 공비가 -2인 수를 나열한 것이므로
$a_n = ar^{n-1} = (-2)(-2)^{n-1} = (-2)^n$
이다.

12

등비수열 $\{a_n\}$에 대하여 $a_3 = 9$, $a_5 = 81$일 때, a_7의 값은?

① 132

② 243

③ 423

④ 729

정답 : ④

해설 : $\dfrac{a_5}{a_3} = r^2 = 9$,

$a_7 = a_5 \times r^2 = 81 \times 9 = 729$

13

등비수열 $\{a_n\}$에 대하여 $a_2 + a_4 = 20$, $a_3 + a_5 = 40$일 때, a_1의 값은?

① 1

② 2

③ 3

④ 4

정답 : ②

해설 : $a_2 + a_4 = ar + ar^3$

$= ar(1 + r^2) = 20$

$a_3 + a_5 = ar^2 + ar^4$

$= ar^2(1 + r^2) = 40$

$\dfrac{a_3 + a_5}{a_2 + a_4} = r = \dfrac{40}{20} = 2$

$ar(1 + r^2) = a2(1 + 4) = 10a$

$= 20$

14

등비수열 $\{a_n\}$에 대하여 $a_1 = 4$, $a_3 : a_5 = 4 : 9$일 때, a_5의 값은?

① 6

② 9

③ $\dfrac{27}{2}$

④ $\dfrac{81}{4}$

정답 : ④

해설 : $\dfrac{a_5}{a_3} = r^2 = \dfrac{9}{4}$,

$a_5 = 4 \times \left(\dfrac{3}{2}\right)^4 = \dfrac{81}{4}$

15

세 수 9, x, 16가 이 순서대로 등비수열을 이룰 때, x의 값은?(단, 이 수열의 항은 모두 양수이다)

① 10

② 12

③ 14

④ 15

정답 : ②

해설 : x는 9와 16의 등비중항이므로 $x^2 = 9 \times 16 = 144 = (12)^2$, x는 양수이므로 $x = 12$이다.

16

첫째항이 1이고 공비가 3인 등비수열 $\{a_n\}$에 대하여 첫째항부터 제 n항까지의 합을 S_n이라 할 때, $2S_{10}$의 값은?

① $\dfrac{3^{10}-1}{2}$　　　　　② $3^{10}-1$

③ 3^{10}　　　　　　　　④ $2(3^{10}-1)$

정답 : ②

해설 : $2S_{10} = 2 \times \dfrac{1(3^{10}-1)}{3-1}$
$= 3^{10}-1$

17

등비수열 $\{a_n\}$에 대하여 $a_3 = 4$, $a_8 = \dfrac{1}{8}$일 때, S_{10}의 값은?

① $1-\left(\dfrac{1}{2}\right)^5$　　　　② $1-\left(\dfrac{1}{2}\right)^{10}$

③ $2^5-\left(\dfrac{1}{2}\right)^5$　　　　④ $2^5+\left(\dfrac{1}{2}\right)^5$

정답 : ③

해설 : $\dfrac{a_8}{a_3} = r^5 = \dfrac{1}{32} = \left(\dfrac{1}{2}\right)^5$,

$r = \dfrac{1}{2}$, $a_1 = 4 \times 4 = 16$

$S_{10} = \dfrac{16\left\{1-\left(\dfrac{1}{2}\right)^{10}\right\}}{1-\dfrac{1}{2}}$

$= 32\left\{1-\left(\dfrac{1}{2}\right)^{10}\right\} = 2^5 - \left(\dfrac{1}{2}\right)^5$

18

등비수열 $\{a_n\}$의 첫째항부터 제 n항까지의 합을 S_n이라 하고 $S_4 = 18$, $S_8 = 72$가 성립할 때, S_{12}의 값은?

① 184

② 192

③ 203

④ 234

정답 : ④

해설 : 첫째항을 a, 공비를 r로 잡고 조건식을 세우면

$S_4 = \dfrac{a(r^4-1)}{r-1} = 18$,

$S_8 = \dfrac{a(r^8-1)}{r-1} = 72$

$\dfrac{S_8}{S_4} = \dfrac{(r^8-1)}{(r^4-1)}$

$= \dfrac{(r^4-1)(r^4+1)}{(r^4-1)}$

$= r^4+1 = \dfrac{72}{18} = 4$, $r^4 = 3$

$\therefore \dfrac{a}{r-1} = 9$

$S_{12} = \dfrac{a(r^{12}-1)}{r-1} = 9(r^{12}-1)$

$= 9(27-1) = 234$

정답과 해설   수학   03. 수열

정답 : ④

해설

$a_3 = S_3 - S_2 = (2^3 - 1) - (2^2 - 1)$
$= 7 - 3 = 4$

정답 : ②

해설 : $S_{10} = \dfrac{20(1.2^{10} - 1)}{1.2 - 1}$

$= \dfrac{20(6.2 - 1)}{0.2} = \dfrac{20 \times 5.2}{0.2}$

$= 520$

따라서 10년 후의 원리합계는 520만원이다.

정답 : ④

해설 : $\displaystyle\sum_{k=1}^{n}(2a_k + 3b_k)$

$= 2\displaystyle\sum_{k=1}^{n}a_k + 3\displaystyle\sum_{k=1}^{n}b_k$

$= 2 \times 3 + 3 \times 5 = 21$

정답 : ④

해설 : $\displaystyle\sum_{k=1}^{10}(a_k + 1)^2$

$= \displaystyle\sum_{k=1}^{10}\{(a_k)^2 + 2a_k + 1\}$

$= \displaystyle\sum_{k=1}^{10}(a_k)^2 + 2\displaystyle\sum_{k=1}^{10}a_k + \displaystyle\sum_{k=1}^{10}1$

$= \displaystyle\sum_{k=1}^{10}(a_k)^2 + 8 + 10 = 25$

$\therefore \displaystyle\sum_{k=1}^{10}(a_k)^2 = 7$

19

등비수열 $\{a_n\}$ 의 첫째항부터 제 n항까지의 합 S_n이 $S_n = 2^n - 1$ 일 때, a_3의 값은?

① 1   ② 2

③ 3   ④ 4

20

매년 말에 20만원씩 연이율 20%, 1년마다 복리로 적립할 때, 10 년 후의 원리합계는?(단, 1.2^{10}은 6.2로 계산한다)

① 500만원   ② 520만원

③ 540만원   ④ 560만원

21

$\displaystyle\sum_{k=1}^{n}a_k = 3$, $\displaystyle\sum_{k=1}^{n}b_k = 5$일 때, $\displaystyle\sum_{k=1}^{n}(2a_k + 3b_k)$의 값은?

① 11   ② 15

③ 19   ④ 21

22

$\displaystyle\sum_{k=1}^{10}a_k = 4$, $\displaystyle\sum_{k=1}^{10}(a_k + 1)^2 = 25$일 때, $\displaystyle\sum_{k=1}^{10}a_k^2$의 값은?

① 1   ② 3

③ 5   ④ 7

23

$\displaystyle\sum_{k=1}^{6}\left(\sum_{i=1}^{k}2i\right)$의 값은?

① 112

② 115

③ 119

④ 121

해설 : $\displaystyle\sum_{i=1}^{k}2i=2\frac{k(k+1)}{2}$

$=k(k+1)$이므로

$\displaystyle\sum_{k=1}^{6}\left(\sum_{i=1}^{k}2i\right)=\sum_{k=1}^{6}(k^2+k)$

$=\dfrac{6\times7\times13}{6}+\dfrac{6\times7}{2}=112$

24

$\displaystyle\sum_{k=1}^{n}(k+2)^2-\sum_{k=1}^{n}(k^2+1)=33$일 때, 자연수 n의 값은?

① 1

② 2

③ 3

④ 4

해설 : $\displaystyle\sum_{k=1}^{n}(k+2)^2-\sum_{k=1}^{n}(k^2+1)$

$=\displaystyle\sum_{k=1}^{n}\{(k^2+4k+4)-(k^2+1)\}$

$=\displaystyle\sum_{k=1}^{n}(4k+3)=4\sum_{k=1}^{n}k+\sum_{k=1}^{n}3$

$=4\dfrac{n(n+1)}{2}+3n=2n^2+5n=33$

$2n^2+5n-33=0$

$n=3\ or\ -\dfrac{11}{2}$

$\therefore\ n=3$

25

$\displaystyle\sum_{n=1}^{10}\frac{n}{n^3+3n^2+2n}$의 값은?

① $\dfrac{1}{12}$

② $\dfrac{3}{12}$

③ $\dfrac{5}{12}$

④ $\dfrac{7}{12}$

해설 : $\displaystyle\sum_{k=1}^{n}\frac{n}{n^3+3n^2+2n}$

$=\displaystyle\sum_{k=1}^{n}\frac{n}{n(n+1)(n+2)}$

$=\displaystyle\sum_{k=1}^{n}\left(\frac{1}{(n+1)(n+2)}\right)$

$=\displaystyle\sum_{k=1}^{n}\left(\frac{1}{n+1}-\frac{1}{n+2}\right)$

$=\left(\dfrac{1}{2}-\dfrac{1}{3}\right)+\left(\dfrac{1}{3}-\dfrac{1}{4}\right)$

$+\cdots+\left(\dfrac{1}{11}-\dfrac{1}{12}\right)$

$=\dfrac{1}{2}-\dfrac{1}{12}=\dfrac{5}{12}$

정답과 해설

정답 : ②

해설 : $\sum_{k=1}^{n} \dfrac{1}{\sqrt{k+2}+\sqrt{k+1}}$

$= \sum_{k=1}^{n} (\sqrt{k+2}-\sqrt{k+1})$

$= \sqrt{n+2}-\sqrt{2}=3\sqrt{2}$

$\sqrt{n+2}=4\sqrt{2}=\sqrt{32}$,

$\therefore n=30$

정답 : ②

해설 : 등차수열과 등비수열이 곱해진 형태의 수열의 합을 구하는 방법은 다음과 같다. 구하려는 식의 값을 S로 놓고 등비수열의 공비 r을 곱하여 rS를 구하여 $S-rS$를 구한다.

$S=1\cdot1+3\cdot2+5\cdot2^2+\cdots+19\cdot2^9$

$-\underline{)\ 2S=1\cdot2+3\cdot2^2+\cdots+17\cdot2^9+19\cdot2^{10}}$

$-S=1+2\cdot2+2\cdot2^2+\cdots+2\cdot2^9-19\cdot2^{10}$

$=1+2\dfrac{2\cdot(2^9-1)}{2-1}-19\cdot2^{10}$

$=1+2\cdot2^{10}-4-19\cdot2^{10}$

$=-17\cdot2^{10}-3$

$\therefore S=17\cdot2^{10}+3$

정답 : ③

해설 : 이 수열은 n개씩 묶었을 때 규칙성을 갖는 군수열이다.

$1,\ /\ \dfrac{1}{2},\ \dfrac{2}{2},\ /\ \dfrac{1}{3},\ \dfrac{2}{3},\ \dfrac{3}{3},\ /\ \dfrac{1}{4},$

$\dfrac{2}{4},\ \dfrac{3}{4},\ \dfrac{4}{4},\ /\cdots n$군의 항의 개수

는 n개이다. $\dfrac{n(n+1)}{2}<33$,

$\dfrac{7\times8}{2}=28$이므로 8군의 첫째항은 제 29항이다. 따라서 제 33항은 8군의 다섯째 항이므로

$\dfrac{5}{8}$이다. $\therefore 5+8=13$

26

수열 $\{a_n\}$에 대하여 $\displaystyle\sum_{k=1}^{n} \dfrac{1}{\sqrt{k+2}+\sqrt{k+1}}=3\sqrt{2}$일 때, 자연수 n의 값은?

① 26

② 30

③ 34

④ 38

27

수열의 합 $1\cdot1+3\cdot2+5\cdot2^2+\cdots+19\cdot2^9$의 값은?

① $17\cdot2^{10}-3$

② $17\cdot2^{10}+3$

③ $19\cdot2^{10}-3$

④ $19\cdot2^{10}+3$

28

다음 수열에서 제 33항이 $\dfrac{q}{p}$일 때, $p+q$는?(단, p와 q는 서로소인 자연수이다)

1,	$\dfrac{1}{2}$,	$\dfrac{2}{2}$,	$\dfrac{1}{3}$,	$\dfrac{2}{3}$,	$\dfrac{3}{3}$,	$\dfrac{1}{4}$,	$\dfrac{2}{4}$,	$\dfrac{3}{4}$,	$\dfrac{4}{4}$	$\cdots$

① 11

② 12

③ 13

④ 14

정답과 해설

29

수열 $\{a_n\}$ 에 대하여 $a_{n+1} = a_n + 5$, $a_4 = 12$일 때, a_7의 값은?

① 12 ② 17

③ 22 ④ 27

정답 : ④

해설 : $a_{n+1} = a_n + d$는 $\{a_n\}$이 등차수열임을 나타내는 귀납적 정의이다. 따라서 이 수열의 공차 d는 5이고

$a_7 = a_4 + 3d = 12 + 15 = 27$이다.

30

다음은 모든 자연수 n에 대하여 $1 + 2 + 3 + \cdots + n = \dfrac{n(n+1)}{2}$ ······(*)이 성립함을 수학적 귀납법으로 증명하는 과정이다. 다음 빈칸에 들어갈 식을 $f(k)$라 할 때, $f(6)$은?

(i) $n = 1$일 때, (좌변) = 1, (우변) = $\dfrac{1 \cdot 2}{2}$이므로 (*)이 성립한다.

(ii) $n = k$일 때, (*)이 성립한다고 가정하면,

$1 + 2 + 3 + \cdots + k = \dfrac{k(k+1)}{2}$이다.

위 등식의 양변에 $(k+1)$을 더하여 정리하면

$1 + 2 + 3 + \cdots + k + (k+1) = \dfrac{k(k+1)}{2} + (k+1) = \dfrac{\boxed{f(k)}}{2}$

$= \dfrac{(k+1)(k+2)}{2}$

따라서 $n = k+1$일 때도 (*)이 성립한다.

(i), (ii)에 의하여 모든 자연수 n에 대하여 (*)이 성립한다.

① 56 ② 58

③ 60 ④ 62

정답 : ①

해설 : $1 + 2 + 3 + \cdots + k + (k+1)$

$= \dfrac{k(k+1)}{2} + (k+1)$

$= \dfrac{\boxed{k^2 + 3k + 2}}{2} = \dfrac{(k+1)(k+2)}{2}$

$f(k) = k^2 + 3k + 2$이므로

$f(6) = 6^2 + 3 \cdot 6 + 2 = 56$

4. 지수와 로그

01 지수

(1) 거듭제곱과 거듭제곱근

① 거듭제곱 : 자연수 n에 대하여 실수 a를 n번 곱한 것을 a의 n제곱이라 하고, a^n이라 한다. a^n에서 a를 거듭제곱의 밑, n을 거듭제곱의 지수라고 한다.
또한 a^2, a^3, $\cdots$, a^n을 a의 거듭제곱이라고 한다.

예 3^5 : 3의 5제곱

② 지수가 자연수일 때 지수법칙 : a, b가 실수이고, m, n이 자연수일 때,

- $a^m a^n = a^{m+n}$
- $(a^m)^n = a^{mn}$
- $(ab)^n = a^n b^n$
- $\left(\dfrac{a}{b}\right)^n = \dfrac{a^n}{b^n}$ (단, $b \neq 0$)
- $a^m \div a^n = \begin{cases} a^{m-n} & (m > n) \\ 1 & (m = n) \\ \dfrac{1}{a^{n-m}} & (m < n) \end{cases}$ (단, $a \neq 0$)

⊙ 연습문제 ⊙

지수법칙을 이용하여 다음 문제를 풀어봅시다.

$(2x^2 y)^3 \times (3yz)^2 \div (6xyz)^2$

---

③ 거듭제곱근 : a가 실수이고 n이 2 이상의 정수일 때, n제곱하여 a가 되는 수, 즉 $x^n = a$를 만족하는 수 x를 a의 n제곱근이라 한다.

> 예 $2^5 = 32$: 2는 32의 5제곱근

④ 실수 a의 n제곱근

	$a > 0$	$a = 0$	$a < 0$
n이 홀수	$\sqrt[n]{a}$	0	$\sqrt[n]{a}$
n이 짝수	$\sqrt[n]{a}, -\sqrt[n]{a}$	0	없다.

⑤ 거듭제곱근의 성질 : $a > 0$, $b > 0$ 이고, m, n이 2 이상의 정수일 때

- $\sqrt[n]{a} \, \sqrt[n]{b} = \sqrt[n]{ab}$

- $\dfrac{\sqrt[n]{a}}{\sqrt[n]{b}} = \sqrt[n]{\dfrac{a}{b}}$

- $(\sqrt[n]{a})^m = \sqrt[n]{a^m}$

- $\sqrt[m]{\sqrt[n]{a}} = \sqrt[mn]{a}$

- $\sqrt[np]{a^{mp}} = \sqrt[n]{a^m}$ (단, p는 양의 정수)

⊙ 연습문제 ⊙

거듭제곱근의 성질을 이용하여 다음 문제를 풀어봅시다.

① $\sqrt[3]{\sqrt{2}}$

② $\sqrt[3]{8}\sqrt[3]{27}$

(2) 지수법칙의 응용

① 지수의 확장

- 0 또는 음의 정수인 지수의 정의 : $a \neq 0$이고, n이 양의 정수일 때,

  ㉠ $a^0 = 1$

  ㉡ $a^{-n} = \dfrac{1}{a^n}$

- 유리수인 지수의 정의 : $a > 0$ 이고, $m, n(n \geq 2)$이 정수일 때,

  ㉠ $a^{\frac{m}{n}} = \sqrt[n]{a^m}$

  ㉡ $a^{\frac{1}{n}} = \sqrt[n]{a}$

- 실수인 지수로 확장된 지수법칙 : $a > 0, b > 0$ 이고, x, y가 실수일 때,

  ㉠ $a^x a^y = a^{x+y}$

  ㉡ $a^x \div a^y = a^{x-y}$

  ㉢ $(a^x)^y = a^{xy}$

  ㉣ $(ab)^x = a^x b^x$

  ㉤ $\left(\dfrac{a}{b}\right)^x = \dfrac{a^x}{b^x}$ (단, $b \neq 0$)

⊙ 연습문제 ⊙

지수법칙을 이용하여 다음 문제를 풀어봅시다.

① $4^{\frac{1}{2}} \times 2^{\frac{1}{3}}$

② 9×3^{-3}의 값은?

② 지수법칙의 응용

- **식의 값 계산** : 주어진 조건식을 구하려는 식에 대입하기 좋게 변형하기
- **지수법칙과 곱셈공식** : 조건식을 포함하도록 곱셈공식을 이용하여 구하려는 식을 변형하기

  ㉠ $a^2 - b^2 = (a + b)(a - b)$

  ㉡ $a^2 + b^2 = (a + b)^2 - 2ab = (a - b)^2 + 2ab$

  ㉢ $a^3 \pm b^3 = (a \pm b)(a^2 \mp ab + b^2) = (a \pm b)^3 \mp 3ab(a \pm b)$

⊙ 연습문제 ⊙

$(a^{\frac{1}{2}} - a^{-\frac{1}{2}})(a^{\frac{1}{2}} + a^{-\frac{1}{2}})(a + a^{-1})$을 풀어봅시다.

---

③ 거듭제곱근의 대소비교 : $\sqrt[n]{a^m} = \sqrt[np]{a^{mp}}$ 를 이용하여 근호를 같게 만든 후, 근호 안의 수를 비교한다.

02 로그

(1) 로그의 정의

① 로그의 정의 : $a > 0$, $a \neq 1$일 때, 임의의 양수 N에 대하여 $a^x = N$을 만족시키는 실수 x는 오직 하나 존재한다. 이 x를 a를 밑으로 하는 N의 로그라 하고, 기호로 $x = log_a N$으로 나타낸다. 이때, a를 로그의 밑, N을 로그의 진수라 한다.

② $log_a N$이 정의되기 위한 조건

- 밑(a) 조건 : $a > 0$, $a \neq 1$
- 진수(N) 조건 : $N > 0$

⊙ 연습문제 ⊙

$log_{x-2}(x-4)$가 정의되기 위한 실수 x의 범위를 구하시오.

---

(2) 로그의 성질

① 로그의 성질 : $a > 0$, $a \neq 1$이고, $x > 0$, $y > 0$일 때,

- $log_a 1 = 0$, $log_a a = 1$
- $log_a xy = log_a x + log_a y$

  예 $log_2 3 + log_2 5 = log_2 15$

- $log_a \dfrac{x}{y} = log_a x - log_a y$

  예 $log_2 9 - log_2 3 = log_2 3$

- $log_a x^n = n log_a x$(단, n은 실수)

  예 $log_2 5^2 = 2 log_2 5$

⊙ 연습문제 ⊙

01. $log_6 2 + log_6 3$의 값은?

02. $log_2 6 - log_2 3$의 값은?

---

② 밑 변환 공식 : $a > 0$, $a \neq 1$이고, $b > 0$ 일 때

- $log_a b = \dfrac{log_c b}{log_c a}$(단, $c > 0$, $c \neq 1$)

  예 $log_2 5 = \dfrac{log_3 5}{log_3 2}$

- $log_a b = \dfrac{1}{log_b a}$(단, $b \neq 1$)

  증명 $log_a b = \dfrac{log_c b}{log_c a} = \dfrac{1}{\dfrac{log_c a}{log_c b}} = \dfrac{1}{log_b a}$

③ 로그의 주요 공식 : a, b, c 모두 1이 아닌 양수일 때,

- $log_{a^m} b^n = \dfrac{n}{m} log_a b$(단, $m \neq 0$)

- $a^{log_a b} = b$

- $a^{log_c b} = b^{log_c a}$

- $log_a b \cdot log_b a = 1$

- $log_a b \cdot log_b c = log_a c$

---

01. $2^{\log_2 3}$의 값은?

02. $\log_2 3 \cdot \log_3 4$의 값은?

---

(3) 상용로그

① 상용로그의 정의

- 상용로그 : 10을 밑으로 하는 로그. 상용로그는 보통 밑을 생략하여 $\log N$으로 나타낸다.

- 상용로그표 : 1과 10 사이에 있는 수에 대한 상용로그의 값을 반올림하여 소수점 아래 넷째자리 까지 나타낸 표. 가로축에서 소수점 첫째자리까지 일치하는 부분을 찾고 세로축에서 소수점 둘째자리를 찾아 교점에 있는 상용로그의 값을 읽는다.

수	…	2	…
⋮		↓	
1.5	→	0.1818	
⋮			

예 $\log 1.52 = 0.1818$

⊙ 연습문제 ⊙

$log10^3 - log0.0001$의 값은?

② **상용로그의 표현** : 양수 N에 대하여 상용로그 $logN$의 값을 $logN = n + \alpha$(n은 정수, $0 \leq \alpha < 1$)로 나타낼 때, n을 $logN$의 정수부분, α를 $logN$의 소수부분이라 한다.

※ 상용로그의 값이 음수인 경우에는 정수부분에서 1을 빼고, 소수부분에 1을 더하여 소수부분이 0이상 1 미만이 되게 만든다.

⊙ 연습문제 ⊙

01. $log0.0234 = -1.6308$이다. 정수부분과 소수부분을 구해봅시다.

02. $log7.32 = 0.8645$이다.
  ① $logN = 2.8645$일 때 N은?

② $\log M = -1.1355$일 때 M은?

예 $\log 0.0457 = -1.3401$

$= -1 + (-0.3401) = (-1-1) + (1-0.3401)$

$= -2 + 0.6599$

따라서 $\log 0.0457$의 정수부분은 -2, 소수부분은 0.6599이다.

③ 상용로그의 정수부분의 성질 : 양수 N에 대하여 상용로그 $\log N = n + \alpha$
  (n은 정수, $0 \le \alpha < 1$)에서

  • $n \ge 0$이면 N의 정수부분은 $n + 1$ 자리의 정수이다.

    예 $\log 42.5 = 1 + 0.6284$이므로 42.5의 정수부분의 자릿수는 $(1 + 1) = 2$이다.

  • $n < 0$이면 N은 소수점 아래 n째 자리에서 처음으로 0이 아닌 숫자가 나타난다.

    예 $\log 0.0425 = -2 + 0.6284$이므로 0.0425은 소수점 아래 둘째자리에서 처음으로 0이
       아닌 숫자가 나타난다.

④ 상용로그의 소수부분의 성질

  • 진수의 숫자배열이 같으면 두 상용로그의 소수부분은 같다.
    역으로 두 상용로그의 소수부분이 같으면 진수의 숫자배열이 같다.

    예 $\log 4.57 = 0.6599$, $\log 0.0457 = -2 + 0.6599$

⊙ 연습문제 ⊙

01. $\boldsymbol{\log 2 = 0.3010}$**이다.** $\boldsymbol{\log 0.2}$**의 값은?**

02. $log20 - log0.2$의 값은?

03. $log2 = 0.3010$일 때 $log5$의 값은?

logM과 logN의 소수부분이 같으면 logM $-$ logN = (정수)

예 $log4.57 - log0.0457 = 0.6599 - (-2 + 0.6599) = 2$

• logM과 logN의 소수부분의 합이 1이면 logM $+$ logN = (정수)

예 $log2 = 0.3010$, $log5 = 0.6990$, $log2 + log5 = log10 = 1$

※ 진수의 최고 자리 숫자 : 소수 부분의 비교를 통해 최고 자리 숫자를 찾는다.

⊙ 연습문제 ⊙

2^{10}의 최고 자리 숫자를 구해보자.(단, $log2 = 0.3010$)

01

$(-1)^8 + 2^2 - 2^{-1}$의 값은?

① 1

② $\dfrac{3}{2}$

③ 4

④ $\dfrac{9}{2}$

정답 : ④

해설 : $(-1)^8 + 2^2 - 2^{-1}$

$= 1 + 4 - \dfrac{1}{2} = \dfrac{9}{2}$

02

$\sqrt{\left(4 \times \dfrac{\sqrt[3]{2}}{2}\right)^3} \times \sqrt{2}$의 값은?

① 1

② $2^{\frac{3}{2}}$

③ $2^{\frac{5}{2}}$

④ $2^{\frac{7}{2}}$

정답 : ③

해설 : $\sqrt{\left(4 \times \dfrac{\sqrt[3]{2}}{2}\right)^3} \times \sqrt{2}$

$= (2 \times 2^{\frac{1}{3}})^{\frac{3}{2}} \times 2^{\frac{1}{2}}$

$= (2^{\frac{4}{3}})^{\frac{3}{2}} \times 2^{\frac{1}{2}} = 2^{\frac{5}{2}}$

03

다음 중 옳지 <u>않은</u> 것은?

① -5의 세제곱근 중 실수는 없다.

② 3은 27의 세제곱근이다.

③ 4의 제곱근 중 실수는 2, -2이다.

④ 제곱근 2는 $\sqrt{2}$이다.

정답 : ①

해설 : -5의 세제곱근 중 실수는 $\sqrt[3]{-5}$로 한 개가 있다.

04

-8의 세제곱근 중 실수인 것을 a, 81의 네제곱근 중 음수인 것을 b라 할 때, $a - b$의 값은?

① 1

② 2

③ 3

④ 4

정답 : ①

해설 : $-8 = (-2)^3$이므로 $a = -2$, $81 = (-3)^4$이므로 $b = -3$

$\therefore a - b = (-2) - (-3) = 1$

05

$a + a^{-1} = 5$일 때, $a^{\frac{1}{2}} + a^{-\frac{1}{2}}$의 값은?(단, a는 양수이다.)

① $\sqrt{3}$ ② $\sqrt{5}$

③ $\sqrt{7}$ ④ $\sqrt{9}$

정답 : ③

해설 : $a + a^{-1} = \left(a^{\frac{1}{2}} + a^{-\frac{1}{2}}\right)^2 - 2$
$= 5$, a는 양수이므로 $a^{\frac{1}{2}} + a^{-\frac{1}{2}}$
도 양수 $\therefore a^{\frac{1}{2}} + a^{-\frac{1}{2}} = \sqrt{7}$

06

$A = \sqrt{2}$, $B = \sqrt[3]{3}$, $C = \sqrt[4]{4}$일 때, 세 수의 크기를 바르게 비교한 것은?

① $A = B < C$ ② $A = C < B$

③ $B = C < A$ ④ $A < B < C$

정답 : ②

해설 : 지수를 같게 맞춰준 후 근호 안의 수를 비교한다. 2, 3, 4의 최소공배수는 12이므로
$A = \sqrt{2} = \sqrt[12]{2^6}$,
$B = \sqrt[3]{3} = \sqrt[12]{3^4}$,
$C = \sqrt[4]{4} = \sqrt[12]{4^3}$,
$2^6 = 64$, $3^4 = 81$, $4^3 = 64$이므로
$A = C < B$이다.

07

$(\sqrt{2})^4 \times \left(\dfrac{1}{4}\right)^{\frac{3}{2}} \div 2^{-3}$의 값은?

① 1   ② 2

③ 3   ④ 4

정답 : ④

해설 : $(\sqrt{2})^4 \times \left(\dfrac{1}{4}\right)^{\frac{3}{2}} \div 2^{-3}$
$= 2^2 \times (2^{-2})^{\frac{3}{2}} \times 2^3 = 2^{2-3+3} = 4$

08

$\sqrt[3]{\sqrt{27}} \times \sqrt[5]{\sqrt{81}} = 3^{\frac{q}{p}}$일 때, $p + q$의 값은?(단, p와 q는 서로소인 자연수이다)

① 16   ② 17

③ 18   ④ 19

정답 : ④

해설 : $\sqrt[3]{\sqrt{27}} \times \sqrt[5]{\sqrt{81}}$
$= \left\{(3^3)^{\frac{1}{2}}\right\}^{\frac{1}{3}} \times \left\{(3^4)^{\frac{1}{2}}\right\}^{\frac{1}{5}}$
$= 3^{\frac{1}{2} + \frac{2}{5}} = 3^{\frac{9}{10}}$
$\therefore p + q = 10 + 9 = 19$

09

$3^x = 5^y = 15$인 실수 x, y에 대하여 $\dfrac{1}{x} + \dfrac{1}{y}$의 값은?

① 1
② $\dfrac{1}{2}$
③ $\dfrac{1}{3}$
④ $\dfrac{1}{4}$

정답 : ①

해설 : $15^{\frac{1}{x}} = 3$, $15^{\frac{1}{y}} = 5$,
$15^{\frac{1}{x}+\frac{1}{y}} = 3 \times 5 = 15$

10

$a^{2x} = 2$일 때, $\dfrac{a^{3x} - a^{-3x}}{a^x - a^{-x}}$의 값은?

① 3
② $\dfrac{7}{2}$
③ 4
④ $\dfrac{9}{2}$

정답 : ②

해설
$\dfrac{(a^{3x} - a^{-3x}) \cdot a^{3x}}{(a^x - a^{-x}) \cdot a^{3x}} = \dfrac{a^{6x} - 1}{a^{4x} - a^{2x}}$
$= \dfrac{8-1}{4-2} = \dfrac{7}{2}$

11

$\sqrt{a\sqrt{a\sqrt{a}}} \times \sqrt{\sqrt[4]{a}} = a^n$이 성립할 때, 유리수 n의 값은?
(단, $a > 0$, $a \neq 1$)

① 1
② 2
③ 3
④ 4

정답 : ①

해설 : $a^{\frac{1}{2}+\frac{1}{4}+\frac{1}{8}} \times a^{\frac{1}{8}} = a^{\frac{7}{8}} \times a^{\frac{1}{8}} = a^1$, 따라서 $n = 1$이다

12

$(a^{\sqrt{3}})^{2\sqrt{3}} \div a^3 \times (\sqrt[3]{a})^6$의 값은?(단, $a > 0$, $a \neq 1$)

① a^{-1}
② a
③ a^5
④ a^{-2}

정답 : ③

해설 : $a^6 \div a^3 \times a^2 = a^{6-3+2} = a^5$

예·상·문·제

2009개정 고등학교 졸업학력 검정고시

13

다음을 간단히 하여라.

$$\sqrt{\dfrac{4^{10} + 2^{10}}{4^9 + 2^8}}$$

① 2　　　　② 4　　　　③ 6　　　　④ 8

정답 : ①

해설 : $\sqrt{\dfrac{2^{20} + 2^{10}}{2^{18} + 2^8}}$

$= \sqrt{\dfrac{2^{10}(2^{10} + 1)}{2^8(2^{10} + 1)}} = \sqrt{\dfrac{2^{10}}{2^8}}$

$= \sqrt{2^2} = 2$

14

$$\left\{\left(\dfrac{27}{64}\right)^{-\frac{1}{3}}\right\}^{\frac{3}{2}} \times \left(\dfrac{4}{3}\right)^{\frac{1}{2}}$$

① $\dfrac{3}{4}$　　　　　　② $\dfrac{16}{9}$

③ $\dfrac{16}{4}$　　　　　　④ $\dfrac{4}{3}$

정답 : ②

해설 : $\left(\dfrac{27}{64}\right)^{-\frac{1}{2}} \times \left(\dfrac{4}{3}\right)^{\frac{1}{2}}$

$= \left\{\left(\dfrac{3}{4}\right)^3\right\}^{-\frac{1}{2}} \times \left(\dfrac{4}{3}\right)^{\frac{1}{2}}$

$= \left(\dfrac{3}{4}\right)^{-\frac{3}{2}} \times \left(\dfrac{4}{3}\right)^{\frac{1}{2}}$

$= \left(\dfrac{4}{3}\right)^{\frac{3}{2}} \times \left(\dfrac{4}{3}\right)^{\frac{1}{2}} = \left(\dfrac{4}{3}\right)^2 = \dfrac{16}{9}$

15

$a = 2^{\frac{1}{3}} + 2^{-\frac{1}{3}}$일 때, $2a^3 - 6a + 1$의 값을 구하여라.

① 2

② 5

③ 6

④ 9

정답 : ③

해설 : $a^3 = 2 + 3 \cdot 2^{\frac{2}{3}} \cdot 2^{-\frac{1}{3}}$

$\qquad + 3 \cdot 2^{\frac{1}{3}} \cdot 2^{-\frac{2}{3}} + 2^{-1}$

$= 2 + 3 \cdot 2^{\frac{1}{3}} + 3 \cdot 2^{-\frac{1}{3}} + 2^{-1}$

$= 2 + 3(2^{\frac{1}{3}} + 2^{-\frac{1}{3}}) + 2^{-1}$

$= 2 + 3a + \dfrac{1}{2}$ 이다.

따라서 $a^3 = 3a + \dfrac{5}{2}$ 이므로 $a^3 -$

$3a = \dfrac{5}{2}$ 이고, $2a^3 - 6a = 5$이다.

그러므로 $2a^3 - 6a + 1 = 6$이다.

정답과 해설

정답 : ①

해설 : $A = \sqrt[3]{3} = \sqrt[12]{3^4} = \sqrt[12]{81}$
$B = \sqrt[4]{4} = \sqrt[12]{4^3} = \sqrt[12]{64}$
$C = \sqrt[6]{5} = \sqrt[12]{5^2} = \sqrt[12]{25}$
$D = \sqrt[12]{50}$
따라서 가장 큰 수는 A이다.

16

$A = \sqrt[3]{3}$, $B = \sqrt[4]{4}$, $C = \sqrt[6]{5}$, $D = \sqrt[12]{50}$ 일 때, A, B, C, D 중 가장 큰 수를 구하여라.

① A ② B

③ C ④ D

17

$log_2\sqrt{2} + log_2 4 - log_2\sqrt{8}$ 의 값은?

① 1   ② $log_2 2\sqrt{2}$

③ 2   ④ $log_2 4\sqrt{2}$

정답 : ①

해설 : $log_2\sqrt{2} + log_2 4 - log_2\sqrt{8}$
$= log_2(\sqrt{2} \times 4 \div \sqrt{8}) = log_2 2 = 1$

18

1이 아닌 두 양수 a, b에 대하여 $log_3 a = 2$, $log_b 3 = 4$일 때, $log_3 ab$의 값은?

정답 : ④

해설 : 밑변환 공식에 의해
$\dfrac{1}{log_3 b} = 4$이므로 $log_3 b = \dfrac{1}{4}$
$\therefore log_3 ab = log_3 a + log_3 b$
$= 2 + \dfrac{1}{4} = \dfrac{9}{4}$

① $\dfrac{1}{2}$ ② 1

③ $\dfrac{5}{4}$ ④ $\dfrac{9}{4}$

정답 : ②

해설 : 밑변환 공식에 의해
$log_5 4 \times (log_2 15 - log_4 9)$
$= log_5 4 \times (log_2 15 - log_2 3)$
$= log_5 4 \times log_2 5$
$= \dfrac{2log2}{log5} \times \dfrac{log5}{log2} = 2$

19

$log_5 4 \times (log_2 15 - log_4 9)$의 값은?

① 1   ② 2

③ 3   ④ 4

20

$log3.02 = 0.48$일 때, $(30.2)^{-10}$은 소수점 아래 n번째 자리에서 처음으로 0이 아닌 숫자가 나타난다. n의 값은?

① 13
② 14
③ 15
④ 16

21

$log_{(a+2)}(3 + 2a - a^2)$이 정의되기 위한 정수 a의 개수는?

① 1
② 2
③ 3
④ 4

22

$3^x = 2$를 만족시키는 실수 x에 대하여 $\dfrac{2}{x} - log_2 9$의 값은?

① 0
② 1
③ 2
④ 3

23

$a = log_4 30 - log_4 5$일 때, 4^a의 값은?

① 2
② 4
③ 6
④ 8

정답 : ③

해설 : $log(30.2)^{-10}$
$= -10log30.2$
$= -10 \times (1 + 0.48)$
$= -14.8 = -15 + 0.2$
정수부분이 -15이므로 소수점 아래 15번째 자리에서 처음으로 0이 아닌 숫자가 나타난다.

정답 : ③

해설 : (밑)>0, (밑)$\neq 1$,
(진수)>0을 만족해야 한다.
$a+2>0$이므로 $a>-2$,
$a+2\neq 1$이므로 $a\neq -1$,
$3+2a-a^2>0$이므로
$a^2 - 2a - 3$
$= (a+1)(a-3)<0, -1<a<3$
세 조건을 모두 만족하는 정수는 0, 1, 2로 3개이다.

정답 : ①

해설 : $x = log_3 2$, $\dfrac{2}{x} - log_2 9$
$= \dfrac{2}{log_3 2} - log_2 9$
$= 2log_2 3 - log_2 9 = 0$

정답 : ③

해설 : $a = log_4 30 - log_4 5$
$= log_4 6$, $4^a = 4^{log_4 6} = 6$

정답 : ③

해설 : 근과 계수의 관계에 의해 두 근의 합인 $\log a + \log b = \log ab = 3$, $ab = 10^3$

정답 : ①

해설 : $\log_{10}\left(\frac{1}{2}\right) + \log_{10}\left(\frac{2}{3}\right)$

$+ \log_{10}\left(\frac{3}{4}\right) + \cdots + \log_{10}\left(\frac{9}{10}\right)$

$= \log_{10}\left(\frac{1}{2} \times \frac{2}{3} \times \frac{3}{4} \times \cdots \frac{9}{10}\right)$

$= \log_{10}\frac{1}{10} = -1$

정답 : ③

해설 : 밑변환 공식에 의하여

$\frac{\log 3}{\log 2} \times \frac{\log 4}{\log 3} \times \frac{\log 5}{\log 4} \times \frac{\log 6}{\log 5}$

$\times \frac{\log 7}{\log 6} = \frac{\log 7}{\log 2} = \log_2 7$

정답 : ②

해설 : $\log_c(a+b)(a-b)$는 합차 공식에 의하여 $\log_c(a^2-b^2)=2$이고 $\log_c(a^2-b^2)=\log_c c^2$이다. 따라서 $a^2-b^2=c^2$, $a^2=c^2+b^2$이므로 빗변이 a인 직각삼각형이다.

24

이차방정식 $x^2 - 3x + 5 = 0$의 두 근이 $\log a$, $\log b$일 때, ab의 값은?

① 10 ② 10^2 ③ 10^3 ④ 10^4

25

다음 식의 값을 구하여라.

$$\log_{10}\left(1 - \frac{1}{2}\right) + \log_{10}\left(1 - \frac{1}{3}\right) +$$
$$\log_{10}\left(1 - \frac{1}{4}\right) + \cdots + \log_{10}\left(1 - \frac{1}{10}\right)$$

① -1 ② -2 ③ -3 ④ -4

26

$\log_2 3 \cdot \log_3 4 \cdot \log_4 5 \cdot \log_5 6 \cdot \log_6 7$의 값을 구하여라.

① $\log_2 3$ ② $\log_2 5$ ③ $\log_2 7$ ④ $\log_2 9$

27

삼각형 ABC의 세 변 BC, CA, AB의 길이를 각각 a, b, c 라고 할 때, $\log_c(a+b) + \log_c(a-b) = 2$가 성립한다. 삼각형 ABC는 어떤 삼각형인지 말하여라. (단, $a > b$, $c \neq 1$)

① 정삼각형   ② 직각삼각형

③ 직각이등변삼각형   ④ 이등변삼각형

28

3^{10}의 최고자리의 숫자는?(단, $log2 = 0.3010$, $log3 = 0.4771$으로 계산한다.)

① 2　　② 3

③ 5　　④ 7

정답 : ③

해설 : $log3^{10} = 10log3 = 4.771$이므로 소수부분은 0.771이다. $log5 < log3^{10}$의 소수부분 $< log6$, $0.6990 < 0.771 < 0.7781$ 이므로 $3^{10} = 5xxxx$의 배열을 가진다. 따라서 최고자리 숫자는 5이다.

29

$logx$의 정수 부분이 1일 때, $logx^3$의 소수 부분과 $logx^5$의 소수 부분이 같도록 하는 모든 실수 x의 값의 곱은?

① 10^2

② $10^{\frac{5}{2}}$

③ $10^{\frac{3}{2}}$

④ 10^4

정답 : ②

해설 : $logx = 1 + \alpha$이므로 $1 \leq logx < 2$이다. $logx^5 - logx^3$ $=$(정수)이므로 $2logx=$(정수)이다. $2 \leq 2logx < 4$이므로 $2logx$ (정수)$=2$ 또는 3이다. $logx = 1$ 또는 $\frac{3}{2}$, $x=10$ 또는 $10^{\frac{3}{2}}$이다. 따라서 모든 x의 곱은 $10^{\frac{5}{2}}$이다.

30

$10 < x < 100$ 때, $logx$의 소수 부분과 $\frac{1}{3}logx$의 소수 부분의 합이 1인 모든 실수 x의 값은?

① 10^2

② $10^{\frac{5}{2}}$

③ $10^{\frac{3}{2}}$

④ 10^3

정답 : ③

해설 : $10<x<100$, $1<logx<2$ 이다. $logx+\frac{1}{3}logx=$(정수), $\frac{4}{3}logx=$(정수), $\frac{4}{3}<\frac{4}{3}logx<\frac{8}{3}$ 이므로 $\frac{4}{3}logx=2(\because$ 정수)이다. 따라서 $logx=\frac{3}{2}$, $x=10^{\frac{3}{2}}$이다.

III

연습문제 풀이

Congratulations!

새로워진 2009개정 검정고시

검단기가 여러분의 합격을 응원합니다

I
수학 1

1. 다항식

01 다항식의 연산

(2) 계수 · 차수 · 동류항

예 $3xy^3 + 2xy^3$를 구해봅시다.　　　　　본문 9

동류항끼리의 덧셈을 이용하면 $3xy^3 + 2xy^3 = 5xy^3$

(3) 다항식의 덧셈과 뺄셈

예 $A = x^2 + xy + y^2$, $B = 2x^2 - 3xy$, $C = 5xy - 2y^2$에 대하여 $A + B - 2C$를 구해봅시다.　　본문 10

A, B, C 자리에 해당하는 다항식을 대입해 주면 $x^2 + xy + y^2 + 2x^2 - 3xy - 2(5xy - 2y^2)$이다.
$2(5xy - 2y^2)$은 분배법칙에 의해 $10xy - 4y^2$이 된다.
따라서 $x^2 + xy + y^2 + 2x^2 - 3xy - (10xy - 4y^2) = x^2 + xy + y^2 + 2x^2 - 3xy - 10xy + 4y^2$이 된다.
동류항끼리 묶어서 계산하면 $3x^2 - 12xy + 5y^2$이 된다. 따라서 답은 $3x^2 - 12xy + 5y^2$이다.

(4) 지수법칙 : m, n은 자연수, a≠0

예 지수법칙을 이용하여 다음 문제를 풀어봅시다.　　본문 11

① $2^2 \times 2^3 = 2^{2+3} = 2^5 = 32$

② $(2^2)^3 = 2^6 = 64$

③ $2^3 \div 2^5 = \dfrac{1}{2^{5-3}} = \dfrac{1}{2^2} = \dfrac{1}{4}$

(5) 다항식의 곱셈

예 곱셈공식을 이용하여 다음 식을 전개해 봅시다.　　본문 12

① $(a + 2b)^2 = a^2 + 2 \times a(2b) + 4b^2 = a^2 + 4ab + 4b^2$

② $(2a - b)^2 = 4a^2 - 2 \times (2a)b + b^2 = 4a^2 - 4ab + b^2$

③ $(2a - b)(2a + b) = (2a)^2 - b^2 = 4a^2 - b^2$

④ $(a + 2b)(a + 3b) = a^2 + (2 + 3)ab + 6b^2 = a^2 + 5ab + 6b^2$

⑤ $(2a + b)^3 = (2a)^3 + b^3 + 3 \times (2a)b(2a + b) = 8a^3 + b^3 + 12a^2b + 6ab^2$

⑥ $(2a - b)^3 = (2a)^3 - b^3 - 3 \times (2a)b(2a - b) = 8a^3 - b^3 - 12a^2b + 6ab^2$

⑦ $(a + 2b + c)^2 = a^2 + (2b)^2 + c^2 + 2\{2ab + 2bc + ac\} = a^2 + 4b^2 + c^2 + 4ab + 4bc + 2ac$

01. $a - b = 5$, $ab = 3$이라 할 때, 다음 문제를 풀어봅시다. 본문 13

① $a^2 + b^2 = (a - b)^2 + 2ab = 5^2 + 6 = 31$

② $a^3 - b^3 = (a - b)^3 + 3ab(a - b) = 5^3 + 3 \times 3 \times 5 = 170$

02. $a + b = 4$, $ab = 2$라 할 때 다음 문제를 풀어봅시다. 본문 14

① $a^2 + b^2 = (a + b)^2 - 2ab = 4^2 - 2 \times 2 = 12$

② $a^3 + b^3 = (a + b)^3 - 3ab(a + b) = 4^3 - 3 \times 2 \times 4 = 40$

03. $a + b + c = 4$, $ab + bc + ca = 2$라고 할 때, $a^2 + b^2 + c^2$의 값을 구해봅시다. 본문 14

$a^2 + b^2 + c^2 = (a + b + c)^2 - 2(ab + bc + ca) = 4^2 - 2 \times 2 = 12$

예 $\dfrac{2}{\sqrt{3} + 1}$를 분모의 유리화 해봅시다. 본문 15

$\dfrac{2}{\sqrt{3} + 1} = \dfrac{2(\sqrt{3} - 1)}{(\sqrt{3} + 1)(\sqrt{3} - 1)} = \dfrac{2(\sqrt{3} - 1)}{(\sqrt{3})^2 - 1} = \sqrt{3} - 1$ 이다.

예 $2x^2 + x + 3$을 $x + 2$로 나눴을 때의 몫과 나머지를 구해봅시다. 본문 15

$$
\begin{array}{r}
2x - 3 \\
x + 2 \overline{)\, 2x^2 + x + 3} \\
\underline{2x^2 + 4x} \\
-3x + 3 \\
\underline{-3x - 6} \\
9
\end{array}
$$

따라서 몫은 $2x - 3$, 나머지는 9이다.

예 다음 등식이 x에 대한 항등식이 되도록 미지수 a, b의 값을 정해봅시다. 본문 16

$(x - 1)(x^2 - 4) = x^3 - ax^2 + bx + 4$

항등식의 미정계수를 계수비교법을 이용하여 구해보자.

좌변을 전개하여 비교하면 $x^3 - x^2 - 4x + 4 = x^3 - ax^2 + bx + 4$이므로 $a = 1$, $b = -4$이다.

02 나머지정리와 인수분해

(1) 나머지정리

01. 다항식 $f(x) = x^3 - ax + b$가 $x - 2$로 나누어 떨어지고 $x - 1$로 나누면 나머지가 3이다. a, b의 값을 구해봅시다.　　본문 17

　다항식 $f(x)$가 $x - 2$로 나누어 떨어지므로 인수정리에 의하여 $f(2) = 0$이다.

　$x - 1$로 나누면 나머지가 3이므로 나머지정리에 의하여 $f(1) = 3$이다.

　따라서 $8 - 2a + b = 0$이고 $1 - a + b = 3$이다. 두 식을 연립하여 풀면 $a = 10$, $b = 12$가 된다.

02. $f(x) = x^3 - 2x^2 + 3x - 5$를 $x^2 - 3x + 2$로 나눈 나머지를 구하여라.　　본문 17

　$f(x)$를 $x^2 - 3x + 2$로 나눈 몫을 $Q(x)$, 나머지를 $ax + b$라고 하자.

　$f(x) = (x^2 - 3x + 2) Q(x) + ax + b$이고, 인수분해 해보면, $f(x) = (x - 1)(x - 2) Q(x) + ax + b$이다.

　양변에 $x = 1$ 대입 $\rightarrow f(1) = a + b = -3$, 양변에 $x = 2$ 대입 $\rightarrow f(2) = 2a + b = 1$

　$\therefore a = 4$, $b = -7$ 즉 나머지는 $4x - 7$이다.

01. $2x^2 + x + 3$을 $x + 2$로 나눴을 때의 몫과 나머지를 조립제법을 이용하여 구해봅시다.　　본문 17

$$
\begin{array}{r|rrr}
 & 2 & 1 & 3 \\
-2 & & -4 & 6 \\
\hline
 & 2 & -3 & \boxed{9}
\end{array}
$$

몫은 $2x - 3$, 나머지는 9이다.

02. $x^5 - 1$을 $x - 1$로 나누었을 때의 몫과 나머지를 조립제법을 이용하여 구해봅시다.　　본문 18

$$
\begin{array}{r|rrrrrr}
1 & 1 & 0 & 0 & 0 & 0 & -1 \\
\hline
 & 1 & 1 & 1 & 1 & 1 & \boxed{0}
\end{array}
$$

따라서 몫은 $x^4 + x^3 + x^2 + x + 1$이고 나머지는 0이다.

(2) 인수분해

예 다음 인수분해 문제를 풀어봅시다.　　본문 19

　① 다항식 $x(a - b) + ay - by$를 인수분해하여라.

　$x(a - b) + ay - by = x(a - b) + y(a - b) = (a - b)(x + y)$

연습문제 풀이

② $(x + 1)(x + 2)(x + 3)(x + 4) - 24$를 인수분해하여라.

$(x + 1)(x + 2)(x + 3)(x + 4) - 24 = (x + 1)(x + 4)(x + 2)(x + 3) - 24$

$= (x^2 + 5x + 4)(x^2 + 5x + 6) - 24$에서 $x^2 + 5x = a$로 치환하면,

$(a + 4)(a + 6) - 24 = a^2 + 10a = a(a + 10) = (x^2 + 5x)(x^2 + 5x + 10) = x(x + 5)(x^2 + 5x + 10)$

③ $x^4 - 3x^2 - 4$를 인수분해하여라.

$x^4 - 3x^2 - 4$에서 $x^2 = t$로 치환하면,

$t^2 - 3t - 4 = (t - 4)(t + 1) = (x^2 - 2^2)(x^2 + 1) = (x + 2)(x - 2)(x^2 + 1)$

④ $x^4 + x^2 + 1$ 을 인수분해하여라.

$x^2 = t$로 치환하면,

$t^2 + t + 1 = (t^2 + 2t + 1) - t = (t + 1)^2 - t = (x^2 + 1)^2 - (x)^2 = (x^2 + x + 1)(x^2 - x + 1)$

2. 방정식과 부등식

01 복소수

(2) 복소수

예 $z = (a^2 - 3a + 2) + (a^2 + 4a + 3)i$일 때, z^2이 음수이기 위한 a의 값을 구하여라. `본문 32`

z^2이 음수이므로 z는 순허수이다. 따라서 $z = (a - 1)(a - 2) + (a + 1)(a + 3)i$에서

실수부분 $= 0$, 허수부분 $\neq 0$이어야 한다. $\therefore a = 1 \ or \ 2$

(3) 복소수의 상등 (서로 같다)

예 실수 x, y에 대하여 $(x + 2) + (y - 3)i = 0$이다. x, y의 값을 구하시오. `본문 32`

$a + bi = 0 \Leftrightarrow a = 0$, $b = 0$이므로 $x + 2 = 0$, $y - 3 = 0$이다. 따라서 $x = -2$, $y = 3$이다.

(4) 켤레복소수

01. 다음 각 복소수의 켤레복소수를 구하여라. `본문 33`

켤레복소수는 i의 부호를 바꾸어주면 된다.

① $i - 2 : -i - 2$

② $3 :$ (실수의 켤레복소수는 실수이다)

③ $6i : -6i$

④ $5 - 7i : 5 + 7i$

02. $z = 3 + ai$이고 $z - \overline{z} = 2i$이다. 실수 a의 값은?

본문 33

$z = 3 + ai$이므로 $\overline{z} = 3 - ai$이다. 따라서 $z - \overline{z} = 3 + ai - (3 - ai) = 2ai$가 된다.
따라서 $2ai = 2i$이므로 $a = 1$이다.

(5) 복소수의 사칙연산

예 **다음 문제를 풀어봅시다.**

본문 34

① $(2 + 3i) - (1 - 2i) = (2 - 1) + (3 + 2)i = 1 + 5i$

② $(1 + 3i)(2 - i) = (2 - 3i^2) + (-1 + 6)i = 5 + 5i$

③ $\dfrac{3 + 4i}{1 + 2i} = \dfrac{(3 + 4i)(1 - 2i)}{(1 + 2i)(1 - 2i)} = \dfrac{(3 + 8) + (4 - 6)i}{1 - 4i^2} = \dfrac{11 - 2i}{5}$

예 **다음 식을 간단히 해보자.**

본문 34

① $\sqrt{-2} \times \sqrt{-4} + \sqrt{9} \times \sqrt{-2}$

$\sqrt{2}\, i \times \sqrt{4}\, i + \sqrt{9} \times \sqrt{2}\, i = 2\sqrt{2}\, i^2 + 3\sqrt{2}\, i$이고, $(i^2 = -1$이므로$)$

간단히 하면 $-2\sqrt{2} + 3\sqrt{2}\, i$

② $(1 + i)\overline{(2 + 3i)} = (1 + i)(2 - 3i) = 2 - 3i + 2i - 3i^2 (i^2 = -1$이므로$)$

간단히 하면 $2 - 3i + 2i + 3 = 5 - i$

③ $\overline{(i + 5)} \cdot (7 + i) + 36i^8 = (-i + 5) \cdot (7 + i) + 36i^8 (i^2 = -1,\ i^8 = 1$이므로$)$

$= -7i + 1 + 35 + 5i + 36 = -2i + 72$

(6) 복소수의 연산에 관한 성질

01. **다음 식을 간단히 해보자.**

본문 35

① $(1 + i)^{100} = \{(1 + i)^2\}^{50} = (2i)^{50} = 2^{50}\, i^{50} (i^{50} = i^2 = -1$이므로$) = -2^{50}$

② $(3 + 2i)(3 - 2i) = (3^2 + 2^2) = 9 + 4 = 13$

③ $(3 + \sqrt{-9})(2 - \sqrt{-4}) = (3 + 3i)(2 - 2i) = 3 \cdot 2(1 + i)(1 - i) = 6(1^2 + 1^2) = 12$

02. 다음 식을 간단히 해보자.

본문 36

① $\left(\dfrac{1+i}{1-i}\right)^{2012}$

$\left(\dfrac{1+i}{1-i}\right) = i$이므로 $\left(\dfrac{1+i}{1-i}\right)^{2012} = i^{2012} = 1$ ($2012 = 4n$이므로 $i^{2012} = i^{4n} = 1$)

② $\left(\dfrac{1-i}{1+i}\right)^{25}$

$\left(\dfrac{1-i}{1+i}\right) = -i$이므로 $\left(\dfrac{1-i}{1+i}\right)^{25} = (-i)^{25} = -i^{25} = -i$ ($25 = 4n+1$이므로 $i^{25} = i$)

③ $i + i^2 + i^3 + \cdots i^8$

$i + i^2 + i^3 + \cdots i^8 = (i + i^2 + i^3 + i^4) + (i + i^2 + i^3 + i^4)$ 이다. (i는 4개씩 순환하므로)

따라서 $2(i - 1 - i + 1) = 0$

02 이차방정식

(1) 이차방정식의 풀이

예 $x^2 - 3x + 2 = 0$

본문 37

$x^2 - 3x + 2 = (x-1)(x-2) = 0$이므로, $x = 1$ 또는 $x = 2$

예 $x^2 - 3x + 1 = 0$

본문 37

$x = \dfrac{3 \pm \sqrt{(-3)^2 - 4 \cdot 1 \cdot 1}}{2} = \dfrac{3 \pm \sqrt{5}}{2}$

예 $x^2 - 3x + 3 = 0$

본문 37

근의공식을 이용하여 $x = \dfrac{3 \pm \sqrt{3^2 - 4 \times 3}}{2} = \dfrac{3 \pm \sqrt{-3}}{2} = \dfrac{3 \pm \sqrt{3}\,i}{2}$ 이다.

(2) 이차방정식의 근의 개수 : 판별식 (D) 이용

예 **실수 a에 대하여 $2x^2 + ax + 3 = 0$이 실근을 가질 조건은?**

본문 38

계수가 실수인 이차방정식의 경우 판별식이 0보다 크거나 같으면 두 실근을 갖는다.

따라서 $D = a^2 - 24 \geq 0$이다. 그러므로 $a \geq 2\sqrt{6}$, $a \leq -2\sqrt{6}$ 이다.

(3) 근과 계수와의 관계

01. $2x^2 - 3x + 5 = 0$에서 두 근의 합과 곱을 구하시오. `본문 38`

> 두 근의 합 : $-\dfrac{-3}{2} = \dfrac{3}{2}$, 두 근의 곱 : $\dfrac{5}{2}$

02. $x^2 - 3x + 1 = 0$에서 두 근을 α, β라고 할 때, $\left(\alpha + \dfrac{1}{\beta}\right)\left(\beta + \dfrac{1}{\alpha}\right)$의 값을 구하여라. `본문 39`

> 근과 계수와의 관계를 이용하여 $\alpha + \beta = 3$, $\alpha\beta = 1$이다.
>
> $$\left(\alpha + \dfrac{1}{\beta}\right)\left(\beta + \dfrac{1}{\alpha}\right) = \alpha\beta + 1 + 1 + \dfrac{1}{\alpha\beta} = 1 + 1 + 1 + 1 = 4$$

(4) 이차방정식의 작성

01. $1 + \sqrt{2}$, $1 - \sqrt{2}$를 두 근으로 하는 이차방정식을 구하시오 `본문 39`

> 두 근의 합 : $(1 + \sqrt{2}) + (1 - \sqrt{2}) = 2$
> 두 근의 곱 : $(1 + \sqrt{2})(1 - \sqrt{2}) = 1 - 2 = -1$이므로,
> $\therefore\ x^2 - 2x - 1 = 0$

02. $1 + i$, $1 - i$를 두 근으로 하고 이차항의 계수가 3인 이차방정식을 구하시오. `본문 39`

> 두 근의 합 : $(1 + i) + (1 - i) = 2$
> 두 근의 곱 : $(1 + i)(1 - i) = 1 - (-1) = 2$이므로,
> $\therefore\ 3(x^2 - 2x + 2) = 0$, $3x^2 - 6x + 6 = 0$

(5) 이차방정식의 켤레근

01. $2 + \sqrt{3}$ 이 $x^2 + bx + c = 0$의 근 일 때, 유리수 b, c의 값의 합을 구하여라. `본문 40`

> 이차방정식의 계수가 모두 유리수이므로 무리수 $2 + \sqrt{3}$, $2 - \sqrt{3}$ 가 모두 근이 된다.
> 따라서 두근의 합 = 4, 곱 = 1이므로 $x^2 - 4x + 1 = 0$인 이차방정식을 만들 수 있다.
> $\therefore\ b = -4$, $c = 1$이므로 $b + c = -3$

02. $3 + i$가 $2x^2 + ax + b = 0$의 근 일 때, 실수 a, b의 값을 구하여라. `본문 40`

> 이차방정식의 계수가 모두 실수이므로 $3 + i$, $3 - i$가 모두 근이 된다.
> 따라서 두근의 합 = 6, 곱 = 10이므로 $2(x^2 - 6x + 10) = 0$인 이차방정식을 만들 수 있다.
> 식을 전개해 보면 $2x^2 - 12x + 20 = 0$이므로 $a = -12$, $b = 20$이다.

연습문제 풀이

(7) 연립방정식의 해

예 $\begin{cases} 2x + 3y + 4 = 0 \\ 4x + 6y + 7 = 0 \end{cases}$ 의 해의 개수를 구해 봅시다.

본문 41

$\dfrac{4}{2} = \dfrac{6}{3} \neq \dfrac{7}{4}$ 이므로 해는 존재하지 않는다.(불능)

(8) 미지수가 3개인 연립일차방정식

01. $\begin{cases} x + y = 4 \\ y + z = 6 \\ z + x = 8 \end{cases}$ 을 풀어봅시다.

본문 41

미지수가 3개인 연립일차방정식은 세 개의 미지수 중 한 개의 미지수를 소거하여 미지수가 2개인 연립일차방정식으로 변형하여 푼다. 먼저 $x + y = 4$, $y + z = 6$에서 가감법을 이용하여 y를 없앨 수 있다. $(x + y) - (y + z) = 4 - 6 = -2$, 즉 $x - z = -2$로 만들 수 있다.

$x - z = -2$와 $x + z = 8$을 연립하면 $x = 3$, $z = 5$가 된다.

이를 $x + y = 4$에 대입하면 $y = 1$을 구할 수 있다. 따라서 $x = 3, y = 1, z = 5$이다.

02. $\begin{cases} 3x + 2y - z = 4 \\ x + 2y + 2z = 6 \\ x + y - z = 0 \end{cases}$ 을 풀어봅시다.

본문 41

z를 소거하여 x, y에 대한 식만 남겨 연립하는 순서로 진행해 보자.

맨 위부터 ①, ②, ③번 식으로 이름을 붙여보자.

$(2 \times ①) + ②$을 정리하면 $7x + 6y = 14$이 된다. 또 $① - ③$을 정리하면 $2x + y = 4$가 된다.

따라서 이 두식을 연립하면 $x = 2$, $y = 0$이고 주어진 식에 대입해 보면 $z = 2$이 나온다.

$x = 2, y = 0, z = 2$

(9) 연립이차방정식

예 **다음 연립방정식을 풀어라.**

본문 42

① $\begin{cases} x + 3y = 5 \\ x^2 + y^2 = 5 \end{cases}$

$x = -3y + 5$를 아래식에 대입하면, $(-3y + 5)^2 + y^2 = 5$, $10y^2 - 30y + 20 = 0$, $y^2 - 3y + 2 = 0$, $(y - 1)(y - 2) = 0$ 따라서, $y = 1$, $x = 2$ 또는 $y = 2, x = -1$

② $\begin{cases} x^2 + xy - 2y^2 = 0 \\ x^2 + y^2 = 10 \end{cases}$

$x^2 + xy - 2y^2 = 0$을 인수분해하면, $(x + 2y)(x - y) = 0$이므로, $x = -2y$, $x = y$를 각각 아래식에 대입하여 구하면, $(-2y)^2 + y^2 = 10$, $y^2 = 2$, $y = \pm\sqrt{2}$, $x = \mp 2\sqrt{2}$
$y^2 + y^2 = 10$, $y^2 = 5$, $y = x = \pm\sqrt{5}$

③ $\begin{cases} x^2 - 2xy + 2y^2 = 5 \\ 4x^2 - 11xy + 7y^2 = 10 \end{cases}$

위의 식에 2를 곱하여 변끼리 빼면, $-2x^2 + 7xy - 3y^2 = 0$, $2x^2 - 7xy + 3y^2 = 0$, $(2x - y)(x - 3y) = 0$이므로, $y = 2x$, $x = 3y$를 각각 위의 식에 대입하여 정리하면,
$x^2 - 4x^2 + 8x^2 = 5$, $x^2 = 1$, $x = \pm 1$, $y = \pm 2$
$9y^2 - 6y^2 + 2y^2 = 5$, $y^2 = 1$, $y = \pm 1$, $x = \pm 3$

03 이차함수와 이차방정식

(1) 이차함수의 최댓값 · 최솟값

예 $y = 2x^2 + 4x + 5$의 최솟값을 구해봅시다.   본문 43

$y = 2x^2 + 4x + 5 = 2(x + 1)^2 + 3$이므로 $x = -1$에서 최솟값 3을 갖는다.

(2) 이차함수의 그래프와 이차방정식의 근

01. 이차함수 $y = x^2 + kx + 1$의 그래프가 x축과 서로 다른 두 점에서 만나도록 상수 k의 값의 범위를 정하여라.   본문 44

$x^2 + kx + 1 = 0$의 판별식 $D > 0$이어야하므로, $D = k^2 - 4 > 0$, $k > 2$ 또는 $k < -2$

02. 이차함수 $y = -x^2 + kx - 1$의 그래프가 x축과 만나지 않도록 상수 k의 값의 범위를 정하여라.   본문 44

$-x^2 + kx - 1 = 0$의 판별식 $D < 0$이어야하므로, $D = k^2 - 4 < 0$, $-2 < k < 2$

(3) 이차함수의 대칭축과 꼭짓점

예 $y = 3x^2 + 12x + 8$의 축의 방정식과 최솟값을 구하여라.
본문 45

$y = 3x^2 + 12x + 8$에서 축의 방정식은 $x = -\dfrac{b}{2a}$이고 계수를 대입해보면 $x = -\dfrac{12}{6} = -2$이다.
따라서 축의 방정식은 $x = -2$이고 최솟값은 축에서 결정되므로 -2를 대입하면 -4이다.

(4) 이차함수의 최대 · 최소

01. 정의역이 $\{x \mid 0 \le x \le 3\}$일 때 $y = -2x^2 + 4x + 1$에서 최댓값과 최솟값을 구해봅시다.
본문 45

$y = -2x^2 + 4x + 1 = -2(x-1)^2 + 3$이다. 정의역의 범위 안에 이차함수 꼭짓점의 x값이
포함되므로 $x = 1$, 즉 이차함수의 꼭짓점일 때의 y값이 최댓값이 된다. 따라서 최댓값은 3이다.
최솟값은 정의역 범위의 양 끝값, 즉 $x = 0$, $x = 3$일 때의 y값을 비교하면 된다. $x = 0$일 때의
y값은 1, $x = 3$일 때의 y값은 -5이다. 따라서 최솟값은 $x = 3$일 때의 y값인 -5가 된다.
최댓값은 3, 최솟값은 -5이다.

02. 정의역이 $\{x \mid 0 \le x \le 1\}$일 때 $y = x^2 - 4x + 1$에서 최댓값을 구해보자.
본문 46

$f(x) = x^2 - 4x + 1$에서 축의방정식은 $x = -\dfrac{-4}{2} = 2$이고 축이 정의역에 포함되지 않으므로
정의역의 양 끝값에서 최댓값이 결정된다.
따라서 $f(0) = 1$, $f(1) = -2$이므로 최댓값은 1이다.

(5) 이차함수와 직선의 관계

예 이차함수 $y = x^2 + k$의 그래프와 직선 $y = x + 1$의 위치 관계가 다음과 같을 때, 상수 k의 값 또는
k의 값의 범위를 구하여라.
본문 46

① 서로 다른 두 점에서 만난다.
$x^2 + k = x + 1$의 판별식 $D > 0$이어야 하므로,
$x^2 - x + k - 1 = 0$의 판별식 $D = 1 - 4(k-1) > 0$, $k < \dfrac{5}{4}$

② 접한다
$x^2 + k = x + 1$의 판별식 $D = 0$이어야 하므로,
$x^2 - x + k - 1 = 0$의 판별식 $D = 1 - 4(k-1) = 0$, $k = \dfrac{5}{4}$

③ 만나지 않는다.

$x^2 + k = x + 1$의 판별식 $D < 0$이어야 하므로,

$x^2 - x + k - 1 = 0$의 판별식 $D = 1 - 4(k - 1) < 0,\ k > \dfrac{5}{4}$

04 여러가지 방정식

(2) 고차방정식의 풀이

01. 삼차방정식 $x^3 - 8 = 0$의 해를 모두 구하여라. 본문 47

주어진 식을 인수분해 해보면 $(x - 2)(x^2 + 2x + 4) = 0$이다. 따라서 따라서 $x = 2$와 근의공식을 이용하여 $x = \dfrac{-2 \pm \sqrt{2^2 - 16}}{2} = \dfrac{-2 \pm 2\sqrt{3}\,i}{2} = -1 \pm \sqrt{3}\,i$를 얻을 수 있다.

02. 사차방정식 $x^4 = 16$의 해를 모두 구하여라. 본문 48

주어진 식을 좌변으로 이항하면 $(x^4 - 2^4) = 0$이고, 합차공식으로 인수분해하면 $(x^2 + 2^2)(x - 2)(x + 2) = 0$이다. 따라서 $x = 2\ or\ -2\ or\ \pm 2i$의 근을 얻을 수 있다.

01. $x^3 - 4x^2 + 3x + 2 = 0$의 해를 구하여라. 본문 48

조립제법이나 인수정리를 통해 인수분해하면, $(x - 2)(x^2 - 2x - 1) = 0$이므로, $x = 2,\ x = 1 \pm \sqrt{2}$

02. $x^3 + (a + 1)x^2 + (a + 1)x + 1 = 0$의 실근이 -1 뿐 일 때, a값의 범위를 구하여라. 본문 48

실근이 -1로 주어져 있으므로 조립제법을 이용하여 인수분해 해보면

$$-1 \begin{array}{|cccc} 1 & a+1 & a+1 & 1 \\ \hline 1 & a & 1 & 0 \end{array}$$

$(x + 1)(x^2 + ax + 1) = 0$이다. 이때 실근이 -1뿐이라는 것은 나머지 두 근은 허근이라는 뜻이 된다. $x^2 + ax + 1 = 0$을 판별식에 적용시켜보면 $D = a^2 - 4 < 0$이어야 한다. 따라서 $-2 < a < 2$이다.

01. $x^3 - 4x^2 + 3x + 2 = 0$의 해를 구하여라. 본문 48

$x^3 - 4x^2 + 3x + 2 = 0$

$$2 \begin{array}{|cccc} 1 & -4 & 3 & 2 \\ \hline 1 & -2 & -1 & 0 \end{array}$$

$(x - 2)(x^2 - 2x - 1) = 0$

02. $(x^2 + 4x + 2)(x^2 + 4x - 4) - 7 = 0$의 해를 구하여라. 본문 49

공통부분인 $x^2 + 4x = A$로 치환해 보면 $(A + 2)(A - 4) - 7 = 0$이고,
$A^2 - 2A - 15 = (A - 5)(A + 3) = 0$이다. 이를 원상복귀시켜 $(x^2 + 4x - 5)(x^2 + 4x - 3) = 0$의 해를
각각 구해보면 $(x + 5)(x - 1)(x + 1)(x + 3) = 0$이므로 $x = -5 \; or \; 1 \; or \; -3 \; or \; 1$해를 얻을 수
있다.

(3) 복이차방정식 $(ax^4 + bx^2 + c = 0)$의 풀이

01. 사차방정식 $x^4 - 6x^2 + 5 = 0$의 해를 구하여라. 본문 49

$x^2 = t$로 치환하면, $t^2 - 6t + 5 = 0$, $(t - 5)(t - 1) = 0$, $x^2 = 5$, $x^2 = 1$에서 $x = \pm\sqrt{5}$, $x = \pm 1$

02. $x^4 + 4 = 0$의 해를 구하여라. 본문 49

$x^4 + 4x^2 + 4 - 4x^2 = (x^2 + 2)^2 - (2x)^2 = (x^2 + 2x + 2)(x^2 - 2x + 2) = 0$에서 $x = -1 \pm i$, $x = 1 \pm i$

(4) 상반방정식의 풀이

예 사차방정식 $x^4 + 5x^3 - 4x^2 + 5x + 1 = 0$의 해를 구하여라. 본문 50

양변을 x^2으로 나누면, $x^2 + 5x - 4 + \dfrac{5}{x} + \dfrac{1}{x^2} = 0$

$\left(x^2 + \dfrac{1}{x^2}\right) + 5\left(x + \dfrac{1}{x}\right) - 4 = 0$, $\left(x + \dfrac{1}{x}\right)^2 + 5\left(x + \dfrac{1}{x}\right) - 6 = 0$에서 $x + \dfrac{1}{x} = t$로 치환하면,

$t^2 + 5t - 6 = 0$, $(t + 6)(t - 1) = 0$이므로, $x + \dfrac{1}{x} + 6 = 0$ 또는 $x + \dfrac{1}{x} - 1 = 0$이다.

따라서, 각 식의 양변에 x를 곱하여 정리하면, $x^2 + 6x + 1 = 0$, $x^2 - x + 1 = 0$이다.

$\therefore \; x = -3 \pm 2\sqrt{2}$, $x = \dfrac{1 \pm \sqrt{3}\,i}{2}$

(5) 삼차방정식의 근과 계수와의 관계

01. $x^3 + x^2 + ax + b = 0$에서 한근이 $1 - \sqrt{2}$ 일 때, 유리수 a, b의 값을 구해보자. 본문 50

유리수계수방정식이므로 무리수 $1 - \sqrt{2}$, $1 + \sqrt{2}$ 모두 근이 된다.
따라서 다른 한 근을 k라 놓으면 세근의 합은 $(1 - \sqrt{2}) + (1 + \sqrt{2}) + k = -1$이다
(근과 계수와의 관계 이용). $\therefore \; k = -3$ 근과 계수와의 관계를 다시 한번 이용해 보면
$a = -3(1 - \sqrt{2}) - 3(1 + \sqrt{2}) + (1 - \sqrt{2})(1 + \sqrt{2})$
즉, $a = -7$, $-b = (1 - \sqrt{2})(1 + \sqrt{2})(-3)$이므로 $b = -3$

02. 세 근이 α, β, γ인 최고차계수가 2인 삼차방정식에서 $\alpha + \beta + \gamma = 3$, $\alpha\beta + \beta\gamma + \gamma\alpha = 5$, $\alpha\beta\gamma = 7$일 때, 이 삼차방정식을 만들어 보자. 본문 50

세근의 합, 곱의 합, 곱으로 삼차방정식을 만들면,

$2(x^3 - 3x^2 + 5x - 7) = 0$이고, 전개하면 $2x^3 - 6x^2 + 10x - 14 = 0$이다

01. $x^3 - 1 = 0$의 한 허근을 ω라 할 때, $1 + \omega + \omega^2 + \omega^3 + \cdots + \omega^{999}$의 값을 구하여라. 본문 51

$x^3 - 1 = (x - 1)(x^2 + x + 1) = 0$에서 $\omega^3 = 1$, $\omega^2 + \omega + 1 = 0$이므로, 연속으로 3개의 합은 0이 된다. 따라서, 주어진 식의 항의 수는 1000개이므로, 3으로 나누면 1개가 남게 된다.

$\therefore \ 1 + (\omega + \omega^2 + \omega^3) + \cdots + (\omega^{997} + \omega^{998} + \omega^{999}) = 1$

02. $x^3 + 1 = 0$일 때, $\omega^{21} + \omega^4 + 1$의 값을 구하여라. 본문 51

$x^3 = -1$이므로 $\omega^{21} = (\omega^3)^7 = (-1)^7 = -1$

$\omega^4 = (\omega^3)\omega = -\omega$이다. 따라서 구하는 식의 값은 $-1 - \omega + 1 = -\omega$

05 부등식

(2) 일차부등식 $ax > b$의 해

01. a에 범위에 따라 달라지는 부등식의 해를 구해보자. 본문 52

$ax - 3 > x + a + 1$

$(a - 1)x > a + 4$이므로 $a = 1$이면 $0 \cdot x > 5$이므로 해가 없다

$a > 1$이면 $x > \dfrac{a + 4}{a - 1}$, $a < 1$이면 $x < \dfrac{a + 4}{a - 1}$ (음수로 나누면 부등호 방향 바뀜)

02. $a = 5$일 때와 $a = 2$일 때 각각 부등식의 해를 구해보자. 본문 52

$(a^2 - 7a + 10)x \geq a^2 - 8a + 15$

$(a - 2)(a - 5)x \geq (a - 3)(a - 5)$이고 $a = 5$이면 $0 \cdot x \geq 0$이므로 해는 모든 수

$a = 2$이면 $0 \cdot x \geq 3$이므로 해는 없다.

(3) 이차부등식의 풀이

예 다음 이차부등식을 풀어라.
본문 53

① $(x-1)(x+2) > 0 \rightarrow x > 1, x < -2$

② $x(x+3) \leqq 0 \rightarrow -3 \leqq x \leqq 0$

③ $3x^2 + 12x + 12 > 0 \rightarrow x^2 + 4x + 4 > 0$, $(x+2)^2 > 0$이므로, $x \neq -2$인 모든 실수가 해가 된다.

④ $x^2 - 6x + 9 \leqq 0 \rightarrow (x-3)^2 \leqq 0$, $x = 3$

⑤ $x^2 + 4x + 1 > 0 \rightarrow x^2 + 4x + 1 = 0$의 해를 근의 공식으로 구하면 $x = -2 \pm \sqrt{3}$ 이므로 양팔범위를 적용하여 $x < -2 - \sqrt{3} \; or \; x > -2 + \sqrt{3}$

⑥ $x^2 - 2x + 5 < 0 \rightarrow x^2 - 2x + 5 = (x-1)^2 + 4 \geqq 4$이므로 0보다 작은 해는 없다.

⑦ $-x^2 - 4x - 9 < 0 \rightarrow -x^2 - 4x - 9 < 0$의 양변에 -1을 곱하면 $x^2 + 4x + 9 > 0$이고 $(x+2)^2 + 5 \geqq 5$이므로 해는 모든 수이다.

예 이차부등식 $ax^2 + bx + c > 0$을 만족하는 x의 범위가 $-1 < x < 2$일 때, 부등식 $bx^2 - ax - c < 0$을 풀어라.
본문 54

$-1 < x < 2$이면, 부등식은 $(x+1)(x-2) < 0$, $x^2 - x - 2 < 0$이고, 이 식이 $ax^2 + bx + c > 0$과 일치하려면, 우선 a의 값이 음수이어야 한다. 따라서, $x^2 - x - 2 < 0$식의 양변에 음수 a를 곱하면, $ax^2 - ax - 2a > 0$가 되므로, $b = -a, c = -2a$이다. 구하려는 부등식에 각각 대입하면, $-a x^2 - ax + 2a < 0$이므로, 양변을 양수 $-a$로 나누면, $x^2 + x - 2 < 0$, $(x+2)(x-1) < 0$이므로, 해는 $-2 < x < 1$이 된다.

(4) 절대값 기호를 포함한 부등식

예 다음 이차부등식을 풀어라.
본문 53

① $|2x - 3| < 1 \rightarrow -1 < 2x - 3 < 1$이므로, $-1 + 3 < 2x < 1 + 3$, $1 < x < 2$

② $|x + 2| > 3 \rightarrow x + 2 > 3$ 또는 $x + 2 < -3$이므로, $x > 1$ 또는 $x < -5$

(5) 연립부등식

예 $\begin{cases} |x - 1| \leqq 2 \\ x^2 - 7x + 12 \leqq 0 \end{cases}$ 의 해를 구해보자.
본문 56

$-2 \leqq x - 1 \leqq 2$, $-1 \leqq x \leqq 3$이다. $(x-3)(x-4) \leqq 0$이므로 $3 \leqq x \leqq 4$ 따라서 공통범위를 구하면 $x = 3$뿐이다.

06 연립이차부등식

(1) 연립이차부등식의 풀이

01. $\begin{cases} x^2 + 4x + 3 > 0 \\ x^2 + 5x + 4 \leq 0 \end{cases}$ 을 풀어봅시다.

본문 57

$x^2 + 4x + 3 > 0$의 해는 $x < -3$, $x > -1$이다. $x^2 + 5x + 4 \leq 0$의 해는 $-4 \leq x \leq -1$이다. 이 두 해의 공통범위를 구하면 $-4 \leq x < -3$이다. 따라서 답은 $-4 \leq x < -3$이다.

02. $\begin{cases} x^2 + 6x + 10 \geqq 0 \\ x^2 + 5x + 6 < 0 \end{cases}$ 의 해를 구해봅시다.

본문 57

$x^2 + 6x + 10 = (x+3)^2 + 1 \geq 1$이므로 해는 모든 수. $x^2 + 5x + 6 = (x+2)(x+3) < 0$이므로 $-3 < x < -2$ 따라서 공통부분은 $-3 < x < -2$

03. $\begin{cases} x^2 - 8x + 12 \leqq 0 \\ x^2 - 4x + 4 \leqq 0 \end{cases}$ 의 해를 구해봅시다.

본문 57

$x^2 - 8x + 12 = (x-2)(x-6) \leqq 0$, $2 \leq x \leq 6$, $x^2 - 4x + 4 = (x-2)^2 \leqq 0$이므로 해는 $x=2$ 따라서 공통부분은 $x=2$

---

3. 도형의 방정식

01 평면좌표와 직선의 방정식

(1) 점과 직선

예 평면 위의 두 점 $A(1, 3)$, $B(3, 6)$ 사이의 거리를 구해 봅시다.

본문 77

두 점 사이의 거리 공식에 의하여 점 A, B사이의 거리는 $\sqrt{(3-1)^2 + (6-3)^2} = \sqrt{4+9}$ $= \sqrt{13}$ 이다.

예 평면 위의 두 점 $A(2, 3)$, $B(1, 7)$에 대하여 선분 $\overline{AB}$를 $1 : 2$로 내분하는 점 P의 좌표를 구해봅시다.

본문 78

내분점 공식에 의하여 선분 AB를 $1 : 2$로 내분하는 점 P의 좌표는 $\left(\dfrac{1 + 2 \times 2}{1 + 2}, \dfrac{7 + 2 \times 3}{1 + 2} \right) = \left(\dfrac{5}{3}, \dfrac{13}{3} \right)$이다.

예 세 점 $(1, 3)$, $(2, -1)$, $(0, 1)$이 만드는 삼각형의 무게중심이 좌표를 구하여라. 본문 78

무게중심의 좌표는 $\left(\dfrac{1+2+0}{3}, \dfrac{3-1+1}{3}\right) = (1, 1)$

(2) 직선의 방정식

예 기울기가 3, y절편이 -4인 직선 본문 79
$y = 3x - 4$

예 기울기가 2, 점$(1, 3)$을 지나는 직선 본문 80
$y = 2(x-1) + 3$, $y = 2x + 1$

예 두 점 $(1, 2)$, $(3, -2)$를 지나는 직선 본문 80
$y - 2 = \dfrac{-2-2}{3-1}(x-1)$, $y = -2x + 4$

예 x절편이 3, y절편이 2인 직선 본문 80
$\dfrac{x}{3} + \dfrac{y}{2} = 1$

01. $(3, 5)$를 지나면서 x축과 평행한 직선의 방정식을 구하여라. 본문 81

x축과 평행하므로 $y = c$ 형태이고, $(3, 5)$를 지나므로 $y = 5$

02. $(-2, a)$가 $y = 3$위의 점일 때, a값을 구하여라. 본문 81

$(-2, a)$가 $y = 3$ 위의 점이므로 $a = 3$이다.

01. 점 $(1, 2)$를 지나고 직선 $x + 2y - 2 = 0$에 수직인 직선의 방정식을 구해 봅시다. 본문 82

직선 $x + 2y - 2 = 0$를 y에 관하여 고치면 $y = -\dfrac{1}{2}x + 1$이 된다. 수직인 두 직선의 기울기의 곱은 -1이므로 직선 $x + 2y - 2 = 0$에 수직인 직선의 기울기는 2이다.
기울기가 2이고 점 $(1, 2)$를 지나는 직선의 방정식은 $y - 2 = 2(x - 1)$, 즉 $y = 2x$이다.

02. $2x + 3y - 5 = 0$과 평행하고 $\left(1, \dfrac{1}{3}\right)$을 지나는 직선의 방정식을 구하여라. 본문 82

기울기가 $-\dfrac{2}{3}$이고 $\left(1, \dfrac{1}{3}\right)$을 지나므로 $y = -\dfrac{2}{3}(x - 1) + \dfrac{1}{3}$ 즉, $y = -\dfrac{2}{3}x + 1$

03. $2x + ay + 5 = 0$과 $bx + 4y + 10 = 0$의 그래프가 일치할 때, $a + b$의 값을 구하여라. 본문 82

두 그래프가 일치하므로 계수비가 모두 같아야 한다. $\dfrac{2}{b} = \dfrac{a}{4} = \dfrac{5}{10}$ 따라서 $b = 4$, $a = 2$이다.

∴ $a + b = 6$

예 $x + 2y - 3 = 0$과 $2x - y + 6 = 0$의 교점과 $(1, 2)$를 지나는 직선의 방정식을 구하여라. 본문 82

$(x + 2y - 3) + k(2x - y + 6) = 0$이 $(1, 2)$를 지나므로 $2 + 6k = 0$, $k = -\dfrac{1}{3}$이다.

$k = -\dfrac{1}{3}$을 대입하면 $\dfrac{1}{3}x + \dfrac{7}{3}y - 5 = 0$, 즉 $x + 7y - 15 = 0$이다.

예 $(-2, 5)$, $3x + 4y - 3 = 0$의 사이의 거리를 구해봅시다. 본문 83

$d = \dfrac{|3(-2) + 4 \cdot 5 - 3|}{\sqrt{3^2 + 4^2}} = \dfrac{11}{5}$

02 원의 방정식

(2) 원의 방정식

01. 원 $x^2 + y^2 + 2x - 6y + 8 = 0$의 중심과 반지름을 구하여라. 본문 84

$(x + 1)^2 + (y - 3)^2 = 2$이므로, 중심은 $(-1, 3)$이고, 반지름은 $\sqrt{2}$ 이다.

02. 세 점 $(1, 2)$, $(3, 0)$, $(-1, 0)$를 지나는 원의 방정식을 구하여라. 본문 84

$x^2 + ax + y^2 + by + c = 0$에 각 점을 넣고 대입하여 연립하면 $a = -2$, $b = 0$, $c = -3$
$x^2 - 2x + y^2 - 3 = 0$이므로 $(x - 1)^2 + y^2 = 4$

(3) 원과 직선의 위치 관계

01. 원 $x^2 + y^2 = 5$와 직선 $y = 2x + k$가 서로 다른 두 점에서 만나도록 k의 값의 범위를 정하여라. 본문 85

$y = 2x + k$를 원의 식에 대입하면, $x^2 + (2x + k)^2 = 5$이고 전개하여 정리하면,

$5x^2 + 4kx + k^2 - 5 = 0$이다. 서로 다른 두 점에서 만나려면 이차방정식이 서로 다른 두 실근을 가지면 되므로 판별식 $D > 0$이어야 한다.

따라서, $D/4 = (2k)^2 - 5(k^2 - 5) = -k^2 + 25 > 0$이므로, $k^2 < 25$, $\therefore -5 < k < 5$

02. 직선 $y = 2x + k$와 원 $x^2 + y^2 = 5$가 접하도록 상수 k의 값을 정하여라. `본문 85`

두 그래프가 접하려면, 판별식 $D = 0$이어야 하므로, 위의 풀이에서 $-k^2 + 25 = 0$, $\therefore k = 5, -5$

03. $(x - 2)^2 + (y + 3)^2 = r^2$이 x축에 접할 때의 r을 구하여라. `본문 85`

원이 x축에 접하므로 | 중심의 y좌표 | $= r$ 따라서 $r = 3$

04. $(x + a)^2 + (y + 3)^2 = 2^2$이 y축에 접할 때의 a를 구하여라. `본문 85`

원이 y축에 접하므로 | 중심의 x좌표 | $= r$ 따라서 $|a| = 2$, $a = \pm 2$

01. 원 $x^2 + y^2 = 5$ 위의 점 $(2, -1)$에서의 접선의 방정식을 구하여라. `본문 86`

원 위의 점$(2, -1)$에서의 접선의 방정식은 $2x - y = 5$이다.

02. 원 $x^2 + y^2 = 2$에 접하고, 기울기가 3인 접선의 방정식을 구하여라. `본문 86`

$m = 3$, $r = \sqrt{2}$ 이므로, $y = 3x \pm \sqrt{2}\sqrt{1 + 3^2}$, $\therefore y = 3 \pm 2\sqrt{5}$

03. $(x - 1)^2 + (y + 2)^2 = 5$ 위의 점 $(2, 0)$에서의 접선의 방정식을 구하여라. `본문 86`

$(2 - 1)(x - 1) + (0 + 2)(y + 2) = 5$, $\therefore x - 1 + 2y + 4 = 5$, $x + 2y - 2 = 0$

01. 두 원 $x^2 + y^2 + 2x - 6y + 8 = 0$, $x^2 + y^2 - 4y = 0$의 공통현의 방정식을 구하여라. `본문 87`

공통현의 방정식은 두 원의 교점을 지나는 직선의 방정식이므로,
$(x^2 + y^2 + 2x - 6y + 8) - (x^2 + y^2 - 4y) = 0$ 따라서, $2x - 2y + 8 = 0$, $x - y + 4 = 0$

02. 두 원 $x^2 + y^2 = 8$, $(x - 1)^2 + (y - 2)^2 = 5$의 교점과 $(-4, 0)$을 지나는 원의 방정식을 구하여라. `본문 87`

두 원의 교점을 지나는 원의 방정식은 다음식을 만족해야 한다.

$$k(x^2 + y^2 - 8) + \{(x-1)^2 + (y-2)^2 - 5\} = 0$$

이 식이 $(-4, 0)$을 지나므로 $x = -4$, $y = 0$을 대입해 보면 $k = -3$

$k = -3$을 대입하면 $-2x^2 - 2y^2 - 2x - 4y + 24 = 0$이고 $x^2 + y^2 + x + 2y - 12 = 0$이다.

03 도형의 이동

(1) 평행이동

예 원 $x^2 + y^2 = 2$를 x축의 방향으로 1만큼, y축의 방향으로 3만큼 평행이동한 원의 방정식을 구하여라.

본문 88

원의 중심 $(0, 0)$이 $(1, 3)$으로 이동하므로, $(x-1)^2 + (y-3)^2 = 2$이다.

(2) 대칭이동

01. $x + y - 1 = 0$을 각각 x축, y축, 원점 및 직선 $y = x$에 대하여 대칭 이동한 도형의 방정식을 구하여라.

본문 89

x축 : $x - y - 1 = 0$ y축 : $-x + y - 1 = 0$ 원점 : $-x - y - 1 = 0$ $y = x$: $y + x - 1 = 0$

02. $x^2 + (y-2)^2 = 9$를 x축 대칭이동한 후 y축으로 -2만큼 평행이동한 원의 방정식을 구하여라.

본문 89

$x^2 + (y-2)^2 = 9$의 중심의 좌표는 $(0, 2)$이다. x축 대칭하면 $(0, -2)$가 되고 이를 y축으로 -2만큼 평행이동하면 $(0, -4)$이다.

따라서 $(0, -4)$를 중심으로 하고 반지름은 3인 원의 방정식은 $x^2 + (y+4)^2 = 9$이다.

03. $A(3, 5)$, $B(-1, 3)$을 각각 $y = x$에 대칭 이동시킨 점을 P, Q라고 할 때 PQ의 중점을 구하여라.

본문 89

$P(5, 3)$, $Q(3, -1)$이고 $\overline{PQ}$의 중점은 $\left(\dfrac{5+3}{2}, \dfrac{3-1}{2}\right) = (4, 1)$이다.

연습문제 풀이

04 부등식의 영역

(2) 원과 부등식의 영역

예 다음 부등식의 영역을 그림으로 나타내보자.　본문 90

① $y > -x + 3$

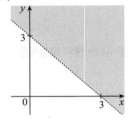

② $y \leq 2x - 4$

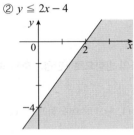

③ $y > 3x^2$

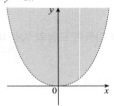

④ $y \leq x^2 - 1$

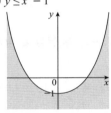

예 다음 부등식의 영역을 그림으로 나타내보자.　본문 91

① $xy > 0$

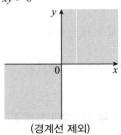

(경계선 제외)

② $y^2 > x^2$

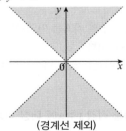

(경계선 제외)

01. $\begin{cases} y \leq 3x - 6 \\ y > -x + 2 \end{cases}$ 의 영역을 그림으로 나타내보자.　본문 91

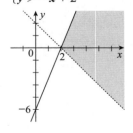

02. $\begin{cases} y > x^2 \\ y \leqq -x + 2 \end{cases}$ 의 영역을 그림으로 나타내보자.

본문 91

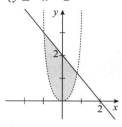

예 $x^2 + y^2 < 4$, $y > 2x$의 영역의 넓이를 구하면?

본문 92

$x^2 + y^2 = 4$, $y = 2x$를 그리면 왼쪽의 그림과 같다.

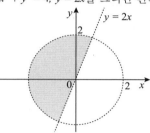

$x^2 + y^2 < 4$, $y > 2x$에 해당하는 영역은 왼쪽 그림에 보이는 영역이다. (반원) 따라서 영역의 넓이는 2π이다.

II
수학 2

1. 집합과 명제

01 집합

(1) 집합과 포함관계

01. $A = \{\, x \mid x$는 10의 약수 $\}$에 관하여 다음 문제를 풀어봅시다. 본문 115

① A의 부분집합의 개수

2^4개이므로 16개이다.

② A의 진부분집합의 개수

$(2^4 - 1)$개 이므로 15개이다.

③ 5를 반드시 포함하는 부분집합의 개수

2^{4-1}개이므로 8개이다.

④ 5를 포함하지 않는 부분집합의 개수

2^{4-1}개이므로 8개이다.

02. $A = \{a, b, c, d, e\}$일 때, $\in$, $\ni$, $\supset$, $\subset$ 의 기호를 나타내보자. 본문 116

① $c\ \square\ A : c \in A$

② $\{b, c\}\ \square\ A : \{b, c\} \subset A$

③ $\{a, b, c, d, e\}\ \square\ A : \{a, b, c, d, e\} \supset A$

④ $A\ \square\ \varnothing : A \supset \varnothing$

(2) 집합의 연산

예 $A = \{a, b, c, d\}$, $B = \{c, d, e, f\}$일 때 $A - B$를 구하여라. 본문 118

$A - B = \{a, b\}$

예 $(A^c \cap B)^c \cap B$를 간단히 하여라. 본문 118

드모르간의 법칙에 의해 $(A^c \cap B)^c \cap B = (A \cup B^c) \cap B$ 이고
$(A \cup B^c) \cap B = (A \cap B) \cup (B^c \cap B) = (A \cap B) \cup \varnothing = (A \cap B)$

01. $A = \{a, b, c, d\}$, $B = \{b, c, d, e\}$, $C = \{d, e, f, g\}$에 대하여 $n(A \cup (B \cap C))$은? 본문 119

$B \cap C = \{d, e\}$ 이다. $D = \{d, e\}$ 라고 하면 $A \cup (B \cap C) = A \cup D$가 된다.
$A \cup D = \{a, b, c, d, e, \}$ 이므로 $n(A \cup (B \cap C)) = 5$이다.

02. 전체집합 U의 부분집합 A, B에 대하여 $A = \{1, 2, 3, 4, 5\}$, $B = \{4, 5, 6, 7\}$, $A \cup B = U$이다. $A - B = C$라고 할 때 $n(A \cup C)^c$은? 본문 120

$U = \{1, 2, 3, 4, 5, 6, 7\}$, $C = \{1, 2, 3\}$ 이다. 드모르간의 법칙에 의하여 $(A \cup C)^c = A^c \cap C^c$ 이다. $A^c = \{6, 7\}$, $C^c = \{4, 5, 6, 7\}$ 이므로 $A^c \cap C^c = \{6, 7\}$ 이다. 따라서 답은 2개이다.

예 전체집합 U의 세 부분집합 A, B, C에 대하여 $n(A \cup B \cup C) = 30$, $n(A) = 25$, $n(B) = 20$, $n(C) = 15$, $n(A \cap B) = 15$, $n(B \cap C) = 10$, $n(A \cap C) = 10$일 때 $n(A \cap B \cap C)$의 값은? 본문 120

$n(A \cup B \cup C) = n(A) + n(B) + n(C) - n(A \cap B) - n(B \cap C) - n(C \cap A) + n(A \cap B \cap C)$이므로
$30 = 25 + 20 + 15 - 15 - 10 - 10 + x$이다. 따라서 $x = 5$이므로 $n(A \cap B \cap C) = 5$이다.

02 명제

(1) 명제와 집합

예 다음 중 명제가 <u>아닌</u> 것은? 본문 121

① 모든 사람은 언젠가는 죽는다. → 죽지 않는 사람은 없으므로 참으로 판별할 수 있으므로 명제이다.

② 2와 7은 서로소이다. → 참으로 판별할 수 있으므로 명제이다.

③ $2 + 2 = 2$이다. → $2 + 2 = 4$이다. 거짓으로 판별할 수 있으므로 명제이다.

④ 꽃은 아름답다. → 사람마다 꽃이 아름답다고 생각하는 지 여부는 다르다. 참, 거짓 중 하나로 분명하게 판별할 수 없으므로 명제가 아니다.

⑤ 지구는 자전한다. → 참으로 판별할 수 있으므로 명제이다.

명제는 문장 또는 식 중에서 참, 거짓 중 어느 하나로 분명하게 판별할 수 있어야 한다.

예 다음 명제의 부정을 말해봅시다.　　　　　　　　　　　　　　　　　　본문 122

① 모든 실수는 0보다 크다. : 어떤 실수는 0보다 작거나 같다.

② $x > 1$인 실수가 있다. : 모든 실수 x에 대하여 $x \leq 1$이다.

③ $2 < x < 5 : x \leq 2 \ or \ x \geq 5$

01. 두 조건 p, q에 대하여 명제 $p \to q$가 성립한다고 한다. 두 조건 p, q를 만족하는 집합을 각각 P, Q라고 하자. $P = \{ 1, 2, 4 \}$, $Q = \{ 1, 2, a + 1, 5 \}$이다. a의 값은?　　본문 123

명제 $p \to q$가 성립하면 $P \subset Q$이다. 따라서 Q의 원소에는 1, 2, 4는 포함되어 있어야 한다.
따라서 $a + 1 = 4$가 된다. 그러므로 $a = 3$이다.

02. $P = \{ x \mid 2 < x < 6 \}$와 $Q = \{ x \mid x > 1 \}$의 포함관계를 통해 $p \to q$와 $q \to p$ 중 참인 명제를 골라보자.　　본문 123

P의 부등식의 범위가 Q의 범위에 모두 포함되므로 $P \subset Q$이다. 따라서 $p \to q$이다.

(2) 명제의 역 · 대우

예 x, y가 실수일 때, 다음 명제들 중 대우는 참이고 역은 거짓인 명제를 있는 대로 골라봅시다.　　본문 124

① $x^2 > 1$이면 $x > 1$이다.

역은 $x > 1$이면 $x^2 > 1$이다. (참)
명제가 참이면 대우도 참이다.
$x^2 > 1$이면 $x > 1$, $x < -1$이므로 명제는 거짓이다. 따라서 대우도 거짓이 된다.

② x가 양수이면 x^2도 양수이다.

위 명제는 참이다. 따라서 대우는 참이다. 역은 'x^2이 양수이면 x가 양수이다.'이다. x^2이 양수이면 x는 0이 아닌 모든 실수가 되므로 거짓이다.

③ $x - y = 2$이면 $x = 3$, $y = 1$이다.

$x - y = 2$일 때, $x = 4$, $y = 2$를 넣어도 되므로 위 명제는 거짓이다. 따라서 대우도 거짓이다.
'역은 $x = 3$, $y = 1$이면 $x - y = 2$이다.'이다. 이것은 참이다.
따라서 답은 ㄴ이다.

(3) 필요조건과 충분조건

예 조건 p는 조건 q이기 위한 어떤 조건인지 구해봅시다. 본문 125

① $p : x > 3$, $q : x > 4$

$x > 4$의 범위는 $x > 3$의 범위에 포함되므로 p는 q이기 위한 필요조건

② $p : x = 0$, $y = 0$, $q : xy = 0$

조건 q의 진리집합을 Q라고하면 $Q = \{ x = 0$ 또는 $y = 0 \}$ p는 q이기 위한 충분조건

03 절대부등식

(1) 기본적인 절대부등식

01. $x^2 + 2xy + 2y^2 \geqq 0$을 증명해 보자. (x, y가 실수) 본문 126

$x^2 + 2xy + 2y^2 = (x + y)^2 + y^2 \geqq 0$

02. $a^2 + b^2 + c^2 - ab - bc - ca \geqq 0$을 증명해 보자. ($a$, b, c가 실수) 본문 126

$a^2 + b^2 + c^2 - ab - bc - ca = \dfrac{1}{2}(2a^2 + 2b^2 + 2c^2 - 2ab - 2bc - 2ca)$이고

$\dfrac{1}{2}(a^2 + a^2 + b^2 + b^2 + c^2 + c^2 - 2ab - 2bc - 2ca) = \dfrac{1}{2}\{(a - b)^2 + (b - c)^2 + (c - a)^2\} \geqq 0$

03. 다음 각 부등식을 증명하여라. 본문 126

① $\sqrt{a + b} > \sqrt{a} - \sqrt{b}$ (단, $a > b > 0$이다.)

$(\sqrt{a + b})^2 - (\sqrt{a} - \sqrt{b})^2 = a + b - (a - 2\sqrt{ab} + b) = 2\sqrt{ab}$, $\sqrt{a} > 0$, $\sqrt{b} > 0$이므로 $\sqrt{ab} > 0$이다. 따라서 $(\sqrt{a + b})^2 > (\sqrt{a} - \sqrt{b})^2$이다. $\sqrt{a + b} > 0$, $\sqrt{a} - \sqrt{b} > 0$이므로 $\sqrt{a + b} > \sqrt{a} - \sqrt{b}$ 이다.

② $|a| + |b| \geqq |a + b|$ (단, a, b는 실수이다)

$(|a| + |b|)^2 - (|a + b|)^2 = |a|^2 + 2|a||b| + |b|^2 - (a^2 + 2ab + b^2)$이다.
정리하면 $2|a||b| - 2ab \geqq 0$이므로 $|a| + |b| \geqq |a + b|$은 성립한다.

연습문제 풀이

(2) 산술평균 · 기하평균 · 조화평균(a, b, c가 모두 양수일 때)

01. $x > 0$일 때, $x + \dfrac{1}{x}$ 의 최솟값을 구하여라. 본문 127

산술기하평균에 의하여 $x + \dfrac{1}{x} \geqq 2\sqrt{1}$ 따라서 최솟값은 2이다.

02. $a > 0,\ b > 0$일 때, $\left(a + \dfrac{1}{b}\right)\left(b + \dfrac{1}{a}\right)$ 의 최솟값을 구하여라. 본문 127

$\left(a + \dfrac{1}{b}\right)\left(b + \dfrac{4}{a}\right) = ab + 4 + 1 + \dfrac{4}{ab}$ 이고 산술기하평균에 의하여 $5 + ab + \dfrac{4}{ab} \geqq 5 + 2\sqrt{4}$

이다. 따라서 최솟값은 9이다.

(3) 코시–슈바르츠(Cauchy–Schwarz)부등식(a, b, c, x, y, z가 실수일 때)

01. $x,\ y$가 실수이고 $x^2 + y^2 = 2$일 때, $3x + y$의 최댓값과 최솟값을 구하여라. 본문 128

코쉬부등식에 의하여 $(3x + y)^2 \leqq (x^2 + y^2)(3^2 + 1^2)$이 성립하고 정리하면 $(3x + y)^2 \leqq -2\sqrt{5}$
이므로 $-2\sqrt{5} \leqq 3x + y \leqq 2\sqrt{5}$ 이다. 따라서 최댓값과 최솟값은 $2\sqrt{5}$, $-2\sqrt{5}$ 이다.

02. $x,\ y$가 실수이고 $4x + 3y = 25$일 때, $x^2 + y^2$의 최솟값을 구하여라. 본문 128

코쉬부등식에 의하여 $(4x + 3y)^2 \leqq (x^2 + y^2)(4^2 + 3^2)$이 성립하고 정리하면
$(25)^2 \leqq (x^2 + y^2)(25)$이다. 따라서 $x^2 + y^2 \geqq (25)$이므로 $x^2 + y^2$의 최솟값은 25이다.

2. 함수

01 함수

(1) 함수

01. 다음 함수들 중 물음에 맞는 것을 각각 골라보자. 본문 143

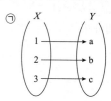 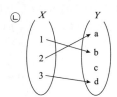 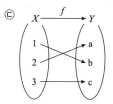

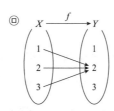

① 일대일 함수를 모두 골라보자. → ㉠ ㉡ ㉢ ㉣

② 치역과 공역이 같은 함수를 모두 골라보자. → ㉠ ㉢ ㉣

③ 일대일 대응 함수를 모두 골라보자. → ㉠ ㉢ ㉣

02. $f(x)$는 항등함수, $g(x)$는 상수함수이다. $f(1) + g(2) = 5$일 때, $g(3)$의 값을 구하여라. [본문 143]

$f(x)$는 항등함수이므로 $f(1) = 1$이고, $f(1) + g(2) = 5$이므로 $g(2) = 4$이다. $g(x)$는 상수함수이므로 $g(x) = 4$이고, 따라서 $g(3) = 4$

01. 실수 전체의 집합 R에서 R로의 함수 f에 대하여 $\begin{cases} -2x^2 & (x \le 2) \\ \dfrac{x}{2} & (x > 2) \end{cases}$ 으로 정의하자. $f(2) \times f(8)$의 값을 구해 봅시다. [본문 144]

$f(2) = (-2) \times 2^2 = -8$, $f(8) = \dfrac{8}{2} = 4$이다. 따라서 $f(2) \times f(8) = -32$이다.

02. 다음 함수 그래프의 종류를 써봅시다. (일대일함수, 항등함수, 상수함수 중에서 고르시오) [본문 145]

① 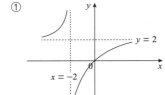 일대일함수

② $y = x$: 항등함수　　　　③ $y = 4$: 상수함수

(2) 합성함수와 역함수

01. 함수 $f(x) = x + 3$, $g(x) = 2x - 1$이다. $(f \circ g)(1)$, $(g \circ f)(1)$의 값을 구해봅시다.　　본문 146

$(f \circ g)(1) = f(g(1)) = f(1) = 4$이다. $(g \circ f)(1) = g(f(1)) = g(4) = 7$이다.

02. 함수 $f(x) = x + 3$, $g(x) = 2x - 1$이다. $(f \circ g)(x)$, $(g \circ f)(x)$의 값을 구해봅시다.　　본문 146

$(f \circ g)(x) = f(g(x)) = f(2x - 1) = (2x - 1) + 3 = 2x + 2$이다.
$(g \circ f)(x) = g(f(x)) = g(x + 3) = 2(x + 3) - 1 = 2x + 5$이다.

01. 함수 $f(x) = 5x - 2$에 대하여 $f^{-1}(8)$의 값은?　　본문 148

$f^{-1}(8) = a$라 하면 $f(a) = 8$이다. $5a - 2 = 8$이므로 $a = 2$이다.

02. $f(x) = 5x - 2$에 대하여 $f^{-1}(x)$의 값은?　　본문 148

$y = f(x) = 5x - 2$이다. x, y의 자리를 바꿔주면, $x = 5y - 2$이다. 이를 y에 관하여 정리하면

$y = \dfrac{1}{5}(x + 2)$이다.

03. $f(x) = 2x + 5$, $g(x) = -x + 6$일 때, $g \circ f^{-1}(3)$을 구해보자.　　본문 148

$f^{-1}(3) = k$라 하면 $f(k) = 3$이고, 따라서 $k = -1$이다. 즉, $f^{-1}(3) = -1$
$g \circ f^{-1}(3) = g(-1) = 7$

02 유리식

(1) 유리식의 성질과 사칙연산

01. $\dfrac{1}{x + y} + \dfrac{1}{x - y}$을 간단히 하여라.　　본문 149

두 식을 통분하면 $\dfrac{x - y + x + y}{(x - y)(x + y)} = \dfrac{2x}{(x - y)(x + y)}$ 이다.

02. $x + \dfrac{1}{x} = 4$일 때, 다음 분수식의 값을 구하여라.　　본문 149

① $x^2 + \dfrac{1}{x^2} = \left(x + \dfrac{1}{x}\right)^2 - 2 = 4^2 - 2 = 14$

② $x^3 + \dfrac{1}{x^3} = \left(x + \dfrac{1}{x}\right)^3 - 3\left(x + \dfrac{1}{x}\right) = 4^3 - 3(4) = 54$

(2) 부분분수

01. 다음 유리식을 계산하여라.

본문 150

$$\frac{1}{a(a+1)} + \frac{1}{(a+1)(a+2)}$$

부분분수로 식을 변형해보면 $\frac{1}{a} - \frac{1}{(a+1)} + \frac{1}{(a+1)} - \frac{1}{(a+2)} = \frac{1}{a} - \frac{1}{(a+2)}$ 이다.

즉, 계산결과는 $\frac{1}{a} - \frac{1}{(a+2)}$ 이다.

02. 다음 분수식을 간단히 하여라.

본문 150

$$\frac{1}{a(a+1)} + \frac{1}{(a+1)(a+2)} + \cdots + \frac{1}{(a+9)(a+10)}$$

$$\frac{1}{a} - \frac{1}{(a+1)} + \frac{1}{(a+1)} - \frac{1}{(a+2)} \cdots \frac{1}{(a+9)} - \frac{1}{(a+10)} = \frac{1}{a} - \frac{1}{(a+10)}$$

즉, 계산결과는 $\frac{1}{a} - \frac{1}{(a+10)}$ 이다.

03 유리함수

(3) 유리함수의 평행이동

예 $y = \dfrac{2x-1}{x+2}$의 그래프를 그리시오.

본문 151

$y = \dfrac{\{2(x+2)-5\}}{x+2} = \dfrac{-5}{x+2} + 2$이므로, 점근선이 $x = -2$, $y = 2$이다.

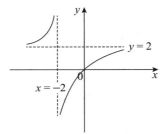

04 무리식

(2) 제곱근의 계산

예 $-2 < a < 2$일 때, $\sqrt{(a-2)^2} + |a+2|$을 간단히 한 것은?

본문 152

$\sqrt{(a-2)^2} + |a+2| = |a-2| + |a+2|$이고 $-2 < a < 2$이므로 식을 정리하면
$-(a-2) + (a+2) = 4$이다.

(3) 분모의 유리화

예 $\dfrac{x}{\sqrt{2}+1} + \dfrac{y}{\sqrt{2}-1} = \dfrac{7}{3+\sqrt{2}}$ 을 만족시키는 유리수 x, y의 값을 구하여라.   본문 153

유리화해 보면 $x(\sqrt{2}-1) + y(\sqrt{2}+1) = (3-\sqrt{2})$

$(-x+y) + (x+y)\sqrt{2} = (3-\sqrt{2})$ 이므로 $-x+y = 3$, $x+y = -1$이다.

두 식을 연립하면 $x = -2$, $y = 1$

(4) 무리수의 상등 (서로 같다)

예 다음 각 식을 만족하는 유리수 x, y를 구하여라.   본문 153

① $x+2 + (y-1)\sqrt{3} = 3 + 4\sqrt{3}$

$x = 1$, $y = 5$

② $(x-1)\sqrt{2} + (x+y-1)\sqrt{3} = 0$

$x = 1$, $y = 0$

05 무리함수

(1) 개념

예 다음 무리식의 값이 실수가 되기 위한 x의 범위를 구하여라.   본문 154

$$\sqrt{(-2x+6)} + \sqrt{(x-4)}$$

$-2x+6 \geq 0$이고 $x-4 \geq 0$이어야 한다. 따라서 $x \leq 3$, $x \geq 4$이므로 해는 없다.

(4) 무리함수의 평행이동

예 다음 무리함수의 그래프를 그리시오.   본문 155

① $y = \sqrt{x-1} + 2$

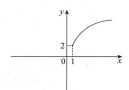

② $y = -\sqrt{x+2} + 1$

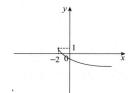

③ $y = \sqrt{-2x+4} - 2$

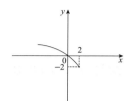

④ $y = -\sqrt{x-3} - 1$

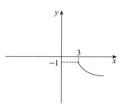

3. 수열

01 등차수열

(1) 등차수열과 등차중항

예 등차수열 1, 3, 5, 7, …의 일반항을 구하여라.   `본문 167`

공차가 2이고 첫째항이 1이므로 $a_n = 2(n-1) + 1 = 2n - 1$

01. 등차수열 1, x, 5에서 등차중항 x의 값을 구하여라.   `본문 168`

a, b, c가 등차수열을 이룰 때 $2b = a + c$이다. 따라서 $2x = 1 + 5$이므로 $x = 3$이다.

02. 등차수열을 이루는 세 개의 수가 있다. 세 수의 합은 6이고 제곱의 합은 14일 때, 세 수의 곱을 구하여라.   `본문 168`

등차수열을 이루는 세 수이므로 $a - d$, a, $a + d(d > 0)$라고 둘 수 있다. 세 수의 합이 6이므로 $a - d + a + a + d = 3a = 6$이다. 따라서 $a = 2$이다. 이제 세 수를 $2 - d$, 2, $2 + d$라고 놓을 수 있다. 제곱의 합이 14이므로 $(2 - d)^2 + 2^2 + (2 + d)^2 = 14$가 된다. 따라서 $d^2 = 1$이 된다. $d > 0$이므로 $d = 1$이다. 따라서 세 수는 1, 2, 3이 된다. 그러므로 세 수의 곱은 6이다.

(2) 등차수열의 합

01. 첫째항이 1, 공차가 2인 등차수열의 제 50항까지의 합을 구하여라.   `본문 168`

첫째항은 1, 공차는 2이다. 따라서 $S_n = \dfrac{n\{2 \times 1 + (n-1)2\}}{2} = n^2$이다. $n = 50$을 넣으면 2500이 된다.

02. 첫째항이 1, 제 50항이 99인 등차수열의 제 50항까지의 합을 구하여라. 본문 169

첫째항은 1, 50번째 항은 99이다. 따라서 $S_{50} = \dfrac{50(1+99)}{2} = 2500$이다.

01. 첫째항부터 제 n항까지의 합이 $S_n = n^2 + 3n$으로 표시되는 수열의 일반항 a_n과 제 10항을 차례로 구하여라. 본문 169

$a_n = S_n - S_{n-1} = n^2 + 3n - \{(n-1)^2 + 3(n-1)\} = 2n + 2(n \geq 2)$

$a_1 = S_1 = 4$, a_n에 $n = 1$을 대입한 값과 S_1값이 같다. 따라서 $a_n = 2n + 2(n \geq 1)$이다.

제 10항은 n에 10을 대입하면 되므로 $2 \times 10 + 2 = 22$이다.

02. 첫째항부터 제 n항까지의 합이 $S_n = n^3 + 3n + 2$로 표시되는 수열의 일반항 a_n과 제 10항을 차례로 구하여라. 본문 170

$a_n = S_n - S_{n-1} = n^3 + 3n + 2 - \{(n-1)^3 + 3(n-1) + 2\} = 3n^2 - 3n + 4(n \geq 2)$

$a_1 = S_1 = 6$이다. a_{10}은 일반항 a_n의 n에 10을 넣으면 되므로 274이다.

02 등비수열

(1) 등비수열과 등비중항

예 다음 등비수열의 일반항을 구하여라. 본문 170

① $-1, -3, -9, -27, \cdots$

공비가 3이고 첫째항이 -1인 등비수열이다. 따라서 $a_n = (-1) \cdot 3^{n-1}$이다.

② $2, -2, 2, -2, \cdots$

공비가 -1이고 첫째항이 2인 등비수열이다. 따라서 $a_n = 2 \cdot (-1)^{n-1}$이다.

예 등비수열 1, x, 4에서 등비중항 x를 구하여라. 본문 171

a, b, c가 등비수열을 이룰 때 $b^2 = ac$와 같으므로 $x^2 = 4$이다. 따라서 $x = \pm 2$이다.

(2) 등비수열의 합

예 다음 등비수열의 주어진 항까지의 합을 구하여라. 본문 172

① $2, 6, 18, \cdots$ (제 10항)

첫째항이 2이고, 공비가 3인 등비수열이다. 공비가 1이 아니므로 $S_n = \dfrac{a(r^n - 1)}{r - 1}$에 대입하면

된다. 따라서 $S_{10} = \dfrac{2(3^{10} - 1)}{3 - 1} = 3^{10} - 1$이다.

② 48, − 24, 12, ⋯(제 5항)

첫째항이 48이고 공비가 − $\frac{1}{2}$ 이다. 공비가 1이 아니므로 $S_n = \frac{a(1 - r^n)}{1 - r}$ 에 대입하면 된다.

r의 범위가 − 1 < r < 1라면 $S_n = \frac{a(1 - r^n)}{1 - r}$ 을 쓰는 것이 편리하다.

따라서 $S_5 = \frac{48(1 - (-\frac{1}{2})^5)}{1 + \frac{1}{2}} = 32(1 - (-\frac{1}{2})^5) = 33$이다.

(3) 원리합계

01. **2015월 1월 부터 2016년 12월까지 매달 초에 한 달마다 복리로 매달 10만원을 적립할 때, 2016년 12월 말의 원리합계를 구하면?(단, 월이율 1%이고, $1.01^{24} = 1.27$로 계산한다)** `본문 173`

각 달마다 10만원씩 적립을 한다. 2015년 1월 초에 10만원을 예금한다면 2015년 2월 초에는 한 달 간의 월이율 1%의 이자가 붙어서 $10 \times (1.01)^{24}$원이 된다. 이와 같이 생각하면 2016년 12월 말에는 $10 \times (1.01)^{23}$원이 된다. 2015년 2월 초에 넣은 돈은 2016년 12월 말에는 $10 \times (1.01)^{23}$원이 된다. 위와 같이 생각하면 2016년 12월 말의 원리합계는 $10 \times (1.01)^{24} + 10 \times (1.01)^{23} + \cdots + 10 \times (1.01)$가 된다. 이는 공비가 1.01이고 첫째항이 $10 \times (1.01)$인 등비수열의 합과 같다. 따라서 $S_n = \frac{a(r^n - 1)}{r - 1}$ 에 대입하면, $S_{24} = \frac{10 \times (1.01)\{(1.01)^{24} - 1\}}{1.01 - 1} = 272.7$이 된다. 따라서 272만 7천만원이 된다.

02. **2015월 1월 부터 2016년 12월까지 매달 말에 한 달마다 복리로 매달 10만원을 적립할 때, 2016년 12월 말의 원리합계를 구하면?(단, 월이율 1%이고, $1.01^{24} = 1.27$로 계산한다)** `본문 173`

각 달마다 10만원씩 적립한다. 2015년 1월 말에 10만원을 예금한다면 2015년 2월 말에는 한 달 간의 월이율 1%의 이자가 붙어서 $10 \times (1.01)$원이 된다. 이와 같이 생각하면 2016년 12월 말에는 $10 \times (1.01)^{23}$원이 된다. 2015년 2월 말에 넣은 돈은 2016년 12월 말에는 $10 \times (1.01)^{22}$원이 된다. 위와 같이 생각하면 2016년 12월 말의 원리합계는 $10 \times (1.01)^{23} + 10 \times (1.01)^{22} + \cdots + 10$가 된다. 이는 공비가 1.01이고 첫째항이 10인 등비수열의 합과 같다. 따라서 $S_n = \frac{a(r^n - 1)}{r - 1}$ 에 대입하면 $S_{24} = \frac{10\{(1.01)^{24} - 1\}}{1.01 - 1} = 270$이 된다. 따라서 270만원이 된다.

연습문제 풀이

03 수열의 합과 수학적 귀납법

(1) 합의 기호 Σ

예 **다음 식의 값을 구하면?**   본문 174

① $\displaystyle\sum_{k=1}^{5} 3k = \dfrac{3 \times 5(5+1)}{2} = 45$이다

② $\displaystyle\sum_{k=1}^{8} 2k = 2 \times \dfrac{8(8+1)}{2} = 72$이다.

예 $\displaystyle\sum_{k=1}^{20} a_k = 39,\ \sum_{k=1}^{20} a_k = 17$**일 때,** $\displaystyle\sum_{k=1}^{20}(3a_0 - b_k + 5)$**의 값은?**   본문 175

$\displaystyle\sum_{k=1}^{20}(3a_k - b_k + 5) = 3\sum_{k=1}^{20} a_k - \sum_{k=1}^{20} b_k + 5 \times 20$이다. $\displaystyle\sum_{k=1}^{20} a_k = 39,\ \sum_{k=1}^{20} b_k = 17$이므로

$3 \times 39 - 17 + 100 = 200$이다.

예 **다음 수열의 합을 구하여라.**   본문 175

$\displaystyle\sum_{k=1}^{n}(4k - 1) = 4\sum_{k=1}^{n} k - n = 4 \times \dfrac{n(n+1)}{2} - n = 2n^2 + 2n - n = 2n^2 + n$

예 $1 + 3 + 5 + \cdots + (2n - 1)$**을** Σ**를 써서 나타내어라.**   본문 176

일반항이 $2n - 1$이다. 위 합은 제 1항부터 n항까지의 합이다. 따라서 $\displaystyle\sum_{k=1}^{n}(2k - 1)$로 나타낼 수
있다.

(2) 여러 가지 수열

예 $\dfrac{1}{1 \cdot 2} + \dfrac{1}{2 \cdot 3} + \dfrac{1}{3 \cdot 4} + \cdots + \dfrac{1}{9 \cdot 10}$**의 값을 구하여라.**   본문 176

$\dfrac{1}{n(n+1)} = \dfrac{1}{n} - \dfrac{1}{n+1}$이므로 위의 식은 $1 - \dfrac{1}{2} + \dfrac{1}{2} - \dfrac{1}{3} + \cdots + \dfrac{1}{9} - \dfrac{1}{10} = \dfrac{9}{10}$이다.

예 $\dfrac{1}{\sqrt{2} + 1} + \dfrac{1}{\sqrt{3} + \sqrt{2}} + \dfrac{1}{\sqrt{4} + \sqrt{3}} + \cdots + \dfrac{1}{\sqrt{9} + \sqrt{8}}$**의 값을 구하여라.**   본문 177

$\dfrac{1}{\sqrt{a} + \sqrt{b}} = \dfrac{\sqrt{a} - \sqrt{b}}{(\sqrt{a} + \sqrt{b})(\sqrt{a} - \sqrt{b})} = \dfrac{\sqrt{a} - \sqrt{b}}{a - b}$이다.

따라서 문제의 식은 $\sqrt{2} - 1 + \sqrt{3} - \sqrt{2} + \cdots + \sqrt{8} - \sqrt{7} + \sqrt{9} - \sqrt{8}$ 이다.
이를 정리하면 $-1 + 3$, 즉 2가 된다.

예 $1 \cdot 3^2 + 2 \cdot 3^3 + 3 \cdot 3^4 + \cdots + 9 \cdot 3^{10}$의 값을 구하여라.   본문 178

$S = 1 \cdot 3^2 + 2 \cdot 3^3 + 3 \cdot 3^4 + \cdots + 9 \cdot 3^{10}$이라고 하자. 이것은 등차수열과 등비수열의 곱으로 이루어진 수열의 합이고 등비수열의 공비가 3이다. 양변에 3을 곱하면 $3S = 1 \cdot 3^3 + 2 \cdot 3^4 + 3 \cdot 3^5 + \cdots + 8 \cdot 3^{10} + 9 \cdot 3^{11}$이다. 양변을 빼면 $2S = -3^2 - 3^3 - \cdots - 3^{10} + 9 \cdot 3^{11}$이다. 이를 등비수열 합 공식을 이용하여 계산하면 $2S = -\dfrac{3^2(3^9 - 1)}{3 - 1} + 9 \cdot 3^{11}$이다.

이를 정리하면 $S = \dfrac{9}{4}(17 \times 3^9 + 1)$이다.

예 수열 $\dfrac{1}{2}, \dfrac{1}{3}, \dfrac{2}{3}, \dfrac{1}{4}, \dfrac{2}{4}, \dfrac{3}{4}, \dfrac{1}{5}, \dfrac{2}{5}, \dfrac{3}{5}, \dfrac{4}{5}, \dfrac{1}{6}, \cdots$에서 $\dfrac{12}{21}$은 몇 번째 항인지 구하여라.   본문 178

분모가 같은 수끼리 같은 군으로 묶어보면 제 1군은 분모가 2인 수, 제 2군은 분모가 3인 수, 제 3군은 분모가 4인 수가 된다. 따라서 분모가 21인 수들은 제 20군이 된다. 제 1군은 항의 수가 1개, 제 2군은 항의 수가 2개, 즉 제 n군은 항의 수가 n이 된다. 분모가 20인 수, 즉 제 19군까지의 합은 $1 + 2 + 3 + \cdots + 19 = \displaystyle\sum_{k=1}^{19} k = 190$이다. 각 군에서 분자는 1,2,3 식으로 하나씩 커진다. 따라서 제 20군의 첫 항은 $\dfrac{1}{21}$이다. $\dfrac{12}{21}$는 분자가 12이므로 제 20군 제 12항이다. 제 19군의 마지막 항이 190번째 항이므로 제 20군의 제1항은 191번째 항이 되고 제 20군 제 12항은 202번째 항이 된다.

(3) 수열의 귀납적 정의

예 다음과 같이 정의된 수열 $\{a_n\}$의 제 2항부터 제 5항까지 차례로 구하여라.   본문 179

$a_1 = 2$, $a_{n+1} = -2a_n$

$a_1 = 2$이고 공비가 -2인 수열이므로 제2항부터 제5항까지는 차례로 $-4, 8, -16, 32$이다.

예 다음과 같이 정의된 수열 $\{a_n\}$의 일반항을 구하여라.   본문 179

$a_1 = 5$, $a_{n+1} - a_n = 3$

공차가 3이고 첫째항이 5인 등차수열을 나타내는 식이다.
따라서 일반항은 $a_n = 3(n - 1) + 5 = 3n + 2$이다.

예 다음과 같이 정의된 수열 $\{a_n\}$의 일반항을 구하여라.   본문 180

$a_1 = 8,\ a_{n+1} = 2a_n$

첫째항이 8이고 공비가 2인 수열이므로 일반항 $a_n = 8 \cdot 2^{n-1} = 2^3 \cdot 2^{n-1} = 2^{n+2}$이다.

(4) 수학적 귀납법

예 $1^2 + 2^2 + \cdots + n^2 = \dfrac{n(n+1)(2n+1)}{6}$ 이 성립함을 증명하여라.   본문 180

$\displaystyle\sum_{k=1}^{n} k^2 = \dfrac{n(n+1)(2n+1)}{6} \cdots (*)$이 성립함을 가정하자.($n \geq 1$인 자연수)

(i) $n = 1$일 때 (좌변) $= 1$, (우변) $= \dfrac{1 \times 2 \times 3}{6} = 1$이므로 $(*)$가 성립한다.

(ii) $n = m(m \geq 2$인 자연수)일 때, $(*)$이 성립한다고 가정하면,

$\displaystyle\sum_{k=1}^{m} k^2 = \dfrac{m(m+1)(2m+1)}{6}$ 이다. 양변에 $(m+1)^2$을 더하여 정리하면,

$\displaystyle\sum_{k=1}^{m+1} k^2 = \dfrac{m(m+1)(2m+1)}{6} + (m+1)^2 = \dfrac{(m+1)(2m^2+m) + (m+1)(6m+6)}{6}$

$= \dfrac{(m+1)(2m^2+7m+6)}{6} = \dfrac{(m+1)(m+2)(2m+3)}{6}$

따라서 $n = m+1$일 때도 $(*)$이 성립한다.

(i), (ii)에 의하여 모든 자연수 n에 대하여 $(*)$이 성립한다.

4. 지수와 로그

01 지수

(1) 거듭제곱과 거듭제곱근

예 지수법칙을 이용하여 다음 문제를 풀어봅시다.   본문 190

$(2x^2y)^3 \times (3yz)^2 \div (6xyz)^2$

$(2x^2y)^3 \times (3yz)^2 \div (6xyz)^2 = (8x^6y^3) \times (9y^2z^2) \div (36x^2y^2z^2) = 72x^6y^5z^2 \div 36x^2y^2z^2 = 2x^4y^3$

예 거듭제곱근의 성질을 이용하여 다음 문제를 풀어봅시다.   본문 191

① $\sqrt[3]{\sqrt{2}} = \sqrt[6]{2}$

② $\sqrt[3]{8}\sqrt[3]{27} = \sqrt[3]{2^3} \times \sqrt[3]{3^3} = 2 \times 3 = 6$

(2) 지수법칙의 응용

예 **지수법칙을 이용하여 다음 문제를 풀어봅시다.**

본문 192

① $4^{\frac{1}{2}} \times 2^{\frac{1}{3}}$

$4^{\frac{1}{2}} \times 2^{\frac{1}{3}} = (2^2)^{\frac{1}{2}} \times 2^{\frac{1}{3}} = 2^{1+\frac{1}{3}} = 2^{\frac{4}{3}}$

② 9×3^{-3}의 값은?

$9 \times 3^{-3} = 3^2 \times \dfrac{1}{3^3} = \dfrac{1}{3}$

예 $(a^{\frac{1}{2}} - a^{-\frac{1}{2}})(a^{\frac{1}{2}} + a^{-\frac{1}{2}})(a + a^{-1})$을 **풀어봅시다.**

본문 193

$(a^{\frac{1}{2}} - a^{-\frac{1}{2}})(a^{\frac{1}{2}} + a^{-\frac{1}{2}})(a + a^{-1}) = (a - a^{-1})(a + a^{-1}) = a^2 - a^{-2}$

02 로그

(1) 로그의 정의

예 $log_{x-2}(x-4)$**가 정의되기 위한 실수 x의 범위를 구하시오.**

본문 194

밑 조건에 의하여 $x > 2$, $x \neq 3$이다. 또한 진수 조건에 의하여 $x > 4$이어야 한다.
밑 조건과 진수 조건의 공통범위를 구하면 $x > 4$이다.

(2) 로그의 성질

01. $log_6 2 + log_6 3$**의 값은?**

본문 195

$log_6 2 + log_6 3 = log_6 (2 \times 3) = log_6 6 = 1$

02. $log_2 6 - log_2 3$**의 값은?**

본문 195

$log_2 6 - log_2 3 = log_2 (6 \div 3) = log_2 2 = 1$

01. $2^{\log_2 3}$**의 값은?**

본문 196

$2^{\log_2 3} = 3^{\log_2 2} = 3$

02. $log_2 3 \cdot log_3 4$**의 값은?**

본문 196

$log_2 3 \cdot log_3 4 = log_2 4 = 2$

(3) 상용로그

예 $log10^3 - log0.0001$의 값은?

본문 197

$$log10^3 - log0.0001 = log10^3 - log10^{-4} = 7$$

01. $log0.0234 = -1.6308$이다. 정수부분과 소수부분을 구해봅시다.

본문 197

$log0.0234 = -1.6308 = -1 - 0.6308 = (-1-1) + (1-0.6308) = -2 + 0.3692$이다.
따라서 정수부분은 -2, 소수부분은 0.3692이다.

02. $log7.32 = 0.8645$이다.

본문 197

① $logN = 2.8645$일 때 N은?

$logN = 2.8645 = 2 + 0.8645$이다. 상용로그의 정수부분의 성질에 의하여 N은 세자리수이다.
따라서 732이다.

② $logM = -1.1355$일 때 M은?

$logM = -1.1355 = -2 + 0.8645$이다. 상용로그의 정수부분의 성질에 의하여 M은 소수점 아래
둘째자리에서 처음으로 0이 아닌 숫자가 나타난다. 따라서 $M = 0.0732$이다.

01. $log2 = 0.3010$이다. $log0.2$의 값은?

본문 198

진수의 숫자배열의 같으면 두 상용로그의 소수부분은 같으므로 $log0.2 = -1 + 0.3010$이다.
따라서 -0.699이다.

02. $log20 - log0.2$의 값은?

본문 199

$log20 = 1 + log2$, $log0.2 = -1 + log2$이다.
따라서 $log20 - log0.2 = 1 + log2 - (-1 + log2) = 2$이다.

03. $log2 = 0.3010$일 때 $log5$의 값은?

본문 199

$log2 + log5 = log10 = 1$이므로 $log5 = 1 - log2 = 1 - 0.3010 = 0.6990$이다.

예 2^{10}의 최고 자리 숫자를 구해보자.(단, $log2 = 0.3010$)

본문 199

$log2^{10} = 10log2 = 10 \times 0.3010 = 3.010 = 3 + 0.01$이다.
$log2^{10}$의 소수부분을 α라 하면 $logN < \alpha < log(N+1)$(N은 10보다 작은 자연수)을 만족하는
자연수 N을 구한다. $log1 < 0.01 < log2$이므로 N = 1이다. 따라서 2^{10}의 최고 자리 숫자는 1이다.

수학 기본서 바이블

고졸검정고시

검정고시 **단**번에 합격하**기**

초판 인쇄	2020년 03월 05일
초판 발행	2020년 03월 08일
지은이	이유미
발행인	황두환
발행처	도서출판 고시윌북스
주소	서울시 도봉구 노해로65길 11, 801호(창동, 한성빌딩)
홈페이지	www.gosiwill.net
전화	02.900.3766(교재) 02.999.9622(인터넷 강의)
팩스	02.999.2422
E-mail	book@gosiwill.net
등록번호	제2012-17호
정가	16,000원
ISBN	979-11-87388-43-2

판 권
소 유

시험에 (强)강한

검정고시
추천도서
최신판

인터넷교육 방송교재
신(新)교육과정 완벽적용
국내최대 40여종 발간

합격을 향한 진격의 必필살기

고시월 검단기 프로젝트

한권으로끝내기 시리즈

초졸학력

검단기
합격시리즈

검단기 총정리

검단기 기출문제

기본이론서 시리즈

중졸학력

검단기 국어

검단기 영어

검단기 수학

검단기 과학

검단기 사회

검단기 도덕

한권으로끝내기 시리즈

중졸학력

검단기 국어   검단기 영어   검단기 수학   검단기 과학   검단기 사회   검단기 도덕

교재구매문의 고시월북스 www.gosiwill.net